Peter Raab

Wenn es Zeit wird anzukommen

Peter Raab

Wenn es Zeit wird anzukommen

Ein spiritueller Blick auf das Älterwerden

HERDER

FREIBURG · BASEL · WIEN

Für zwei meiner Brüder war es Zeit geworden, endgültig anzukommen, während ich an diesem Text gearbeitet habe. Johannes und Klaus sei darum dieses Buch gewidmet.

MIX
Papier aus verantwortungsvollen Quellen
FSC® C083411

www.herder.de

Umschlaggestaltung: Agentur IDee
Umschlagmotiv: © Shutterstock – Mikbiz

Satz: de·te·pe, Aalen

Herstellung: CPI books GmbH, Leck
Printed in Germany

ISBN 978-3-451-60041-8

Inhalt

Einleitung

Zeit anzukommen ist immer, aber wir brauchen erst ein bestimmtes Lebensalter, bis uns dies auch deutlich genug ins Bewusstsein dringt. Das ist, wenn wir älter werden. Älter – das werden eigentlich nur die anderen. Das eigene Älterwerden lässt sich gut verdrängen – zunächst jedenfalls. Doch irgendwann kann man die »Zeichen der Zeit« nicht mehr übersehen, da bemerkt man, dass man nun langsam selbst dazugehört. Und da beschleicht manch einen ein etwas mulmiges Gefühl. Jetzt ist man selbst so weit, unübersehbar, unwiderruflich.

Doch muss das überhaupt kein Grund zur Beunruhigung sein – wenn es uns gelingt, einen neuen, einen anderen Blick auf das Leben und den Prozess des Älterwerdens zu werfen. Älterwerden heißt Abschied nehmen – so wird die landläufige Ratgeberliteratur nicht müde zu betonen. In dem 2016 erschienenen Buch von Henning Scherf und Annelie Keil *Das letzte Tabu* heißt es im Untertitel: »... den Abschied leben lernen«. Das ist zwar nicht falsch, doch die eigentliche Herausforderung und Einladung im zunehmenden Alter ist etwas Anderes. Eigentlich geht es um das Gegenteil: Wir kommen endlich an – im Dasein. In jedem Abschied das Ankommen erfahren, um im Dasein anzukommen: Das ist das wichtigste Thema beim Älterwerden. Nur muss man sich dafür innerlich öffnen, und dann fühlt sich das Abschiednehmen gleich viel besser an. Denn dann kann uns bewusst werden, dass dieses Abschiednehmen eingebettet ist in ein tieferes Ankommen. Wenn wir etwas genauer hinschauen, wird uns klar, dass wir das ganze Leben hindurch überwiegend nicht da sind, nicht angekommen sind. Weil wir mehr nach außen gerichtet, nicht bei uns und nicht beim Sein sind, nicht in Verbindung sind mit unserem Urgrund, mit dem großen Geheimnis hinter dem Horizont unserer Alltäglichkeiten. Möglich wäre es zu jeder Zeit und immer, dort anzukommen, doch sind wir zu sehr nach außen gerichtet.

Gleich morgens, wenn der Tag beginnt, wenn wir erwachen. Statt an all die vielen Dinge zu denken, die nun auf uns zukommen – die Verpflichtungen, die gleich auf uns warten, die Termine, die anstehen –, könnten und sollten wir erst einmal ankommen. Kurz innehalten, uns besinnen auf diesen Augenblick hier an diesem Ort – statt uns gleich ins Getriebe zu stürzen. Und für diesen kurzen Moment auch in Verbindung zu treten mit jenem namenlosen Geheimnis, aus dem wir ins Dasein erwacht sind. Spätestens beim Älterwerden wird es Zeit, dass wir immer mal wieder und immer öfter umschalten vom Modus der Flüchtigkeiten und Alltäglichkeiten in den Seins-Modus. Das ist die tiefere Bedeutung von »Ankommen«. Das erfordert allerdings eine klare Änderung unserer Denkgewohnheiten und der inneren Einstellung, was zugleich befreiend und tröstlich ist. Nicht der wehmütige Blick zurück in die Vergangenheit, die es nun endgültig zu verabschieden gilt, ist dieser Lebensphase angemessen und hilft im Alter zu leben, sondern der entschiedene Blick in das Sein – hier und heute. »Des Lebens Ruf an uns wird niemals enden«, heißt es in dem wunderbaren Gedicht »Stufen« von Hermann Hesse. Sobald der Mensch das verstanden und innerlich nachvollzogen hat, schwindet die verbreitete Altersschwermut, und neue Horizonte tun sich auf. Wir blicken auf eine Lebensphase, die es bewusst zu vollziehen gilt. Und wir blicken auf eine innere Haltung, die es einzuüben gilt – schon lange bevor das Alter beginnt. Die in den folgenden Kapiteln entwickelten Gedanken und Impulse sind gedacht als eine Einladung an alle Leserinnen und Leser, die ihr Alter näher rücken sehen, entspannt und in heiterer Gelassenheit auf diese Lebenszeit zu blicken, sich mental auf sie vorzubereiten und sich dann in ihr einzurichten.

Da dies kein rein kognitiver Prozess ist, sondern alle möglichen Verhaltensmuster, Lebensgewohnheiten und Einstellungen in den Blick zu nehmen sind, werden an manchen Stellen auch ganz konkrete Übungen angeboten als Möglichkeit, neue Schritte auszuprobieren und sich entsprechend weiterzuentwickeln. Diese Übungen haben sich in der Praxis vielfältig bewährt, sind aber trotzdem lediglich als Angebot zu verstehen.

Vergessen wir das Älterwerden – kommen wir an!

Es kommt auf den Blickwinkel an

Wann beginnt das eigentlich, wann wird man älter? Und ab wann ist man alt? Manch einer beginnt schon mit 40, seine grauen Haare zu zählen; mit 50 spätestens werden dann die Haare getönt. »Grau macht alt«, heißt es. Und doch meldet sich gelegentlich noch ein 50-Jähriger zum Marathon an. Die runden Geburtstage gewinnen für Manche zunehmend etwas Bedrohliches. Trotzdem wird der Sechzigste oft noch mit großem Getöse gefeiert, wobei unter den Feiernden inzwischen auch ein paar Enkel herumspringen. Mit 65 darf oder muss man in der Regel seine berufliche Arbeit beenden. Da beginnt der Ruhestand, da könnte man ankommen. Aber bei manchen ist eher das Gegenteil der Fall, weil sie nun erst mal beginnen, lange aufgeschobene Projekte und Vorhaben umzusetzen. Denn heute fühlen sich viele Menschen in diesem Alter noch überhaupt nicht alt. Viele der Betroffenen haben eher das Gefühl, nun endlich loslegen zu können, endlich an dem Punkt zu sein, wo das Leben eigentlich erst richtig beginnt.

Andererseits öffnet sich in dieser Lebensphase noch ein ganz anderer Horizont: Das eine sind die neuen Projekte, die äußeren Tätigkeiten und gegebenenfalls auch die freiberuflichen Perspektiven, die sich einem auch als Rentner noch eröffnen. Daneben oder darunter aber tut sich ein existenzieller Erfahrungshorizont auf, der nun eine ganz neue Bedeutung gewinnt, ein existenzielles Ankommen. In der Meditationsliteratur ist oft vom »Erwachen« die Rede. Älterwerden kann zur Chance werden, »aufzuwachen«. Wir bekommen eine Ahnung von etwas Größerem, von einem Ganzen, von dem wir ein Teil sind. Damit ist ein Bewusstseinsvollzug gemeint, durch den langsam oder auch mit einem Mal klar wird, wie sehr das »Ich«, das wir uns im Laufe unseres Lebens zurechtgezimmert haben, wie sehr diese ich-bezogene Wahrnehmung der Wirklichkeit eine Illusion ist. Wie sehr auch die ich-bezogene Umtriebigkeit und Geschäftigkeit nur die eine Seite der Medaille ist. In lichten Momenten wird uns nun immer wieder einmal klar, wie sehr wir eigentlich etwas ganz Anderes sind: nämlich Teil eines großen Prozesses, der sich vollzieht. Und das Erwachen in diese große Wirklichkeit hinein, in die Gegenwart, das ist ein wesentlicher Aspekt des Älterwerdens. Das ist die Einladung, anzukommen. Das Schöne und zugleich Schwierige ist, dass dieser Bewusstseinsvollzug nicht von einem Tag auf den andern plötzlich auftaucht, wie wenn man einen Lichtschalter umlegt. Vielmehr geht es um einen Erkenntnisweg als Übungsweg. Ja, Ankommen in diesem tieferen Sinne kann – und muss – eingeübt werden. Und das nicht erst im Alter; vielmehr kann und sollte dies lange vor dem eigentlichen Älterwerden bewusst vollzogen und praktisch geübt werden. Was das im Einzelnen bedeutet und wie das jeder für sich vollziehen kann, dazu möchte diese Schrift vielfältige Anregungen geben.

Ankommen im Seins-Modus ist ein innerer Bewusstseinsakt. Innehalten, schauen, sich bewusst werden, dass man ist, wo man ist, was man tut, wo man steht, wie es einem dabei geht, was man fühlt, die Freuden, die Zufriedenheit, aber auch den Kummer, den Frust, den Ärger, die Verzweiflung, die Sehnsucht spüren. Was liegt hinter mir, was vor mir? Ist alles in Ordnung? Was fehlt? Wo wollte ich eigentlich sein? Wo will ich noch hin?

Die Weichen können jetzt nochmals neu gestellt werden. Entweder machen wir in unserem Modus der Alltäglichkeiten weiter wie bisher, vertauschen bei den Aktivitäten und der Hektik lediglich die Schauplätze und die Inhalte. Oder wir lassen uns nun endlich ankommen in einem tieferen Sinne. Irgendwie hatten wir wohl schon das ganze bewusste Leben hindurch eine Ahnung davon, dass das Dasein tiefer gründet. Und nun wird uns klar, dass es jetzt darum geht, uns dort ankommen zu lassen, auch wenn zunächst noch gar nicht so recht klar sein mag, was das bedeutet. Darum wäre es gut, wenn in den Jahren davor schon langsam eine Offenheit dafür gepflegt würde. Eigentlich ist dies unabdingbar. Denn diese Änderung der Blickrichtung fängt nicht erst beim Altwerden an. Ankommen aus dem Modus der Alltäglichkeiten in den ontologischen Modus ist ein Lebensthema – für jeden von uns. Wenn wir achtsam durchs Leben gegangen sind, ist uns schon längst klargeworden, dass es immer auch darum geht, um dieses Ankommen im Sein. Dies soll in den einzelnen Kapiteln Schritt für Schritt erläutert werden. Eine Ahnung davon mag auf poetische Weise folgende Geschichte geben:

Ein Hirte saß bei seiner Herde
am Ufer des großen Flusses,
der am Rand der Welt fließt.
Wenn er Zeit hatte und über den Fluss schaute,
spielte er auf seiner Flöte.
Eines Abends kam der Tod über den Fluss
und sagte: Ich komme,
um dich auf die andere Seite mitzunehmen.
Hast du Angst?
Warum Angst?, fragte der Hirte.
Ich habe immer über den Fluss geschaut, seit ich hier bin.
Ich weiß, wie es dort drüben ist.
Und als der Tod ihm die Hand auf die Schulter legte,
stand er auf und fuhr mit ihm über den Fluss,
als wäre nichts.
Das andere Ufer war ihm nicht fremd,
und die Töne seiner Flöte,
die der Wind hinübergetragen hatte,
waren schon da.

(Das Märchen vom Hirten am Fluss, Herkunft unbekannt)

Schritt für Schritt

Immer wieder einmal über diesen Fluss zu schauen, ist ein schönes Bild für das hier gemeinte Ankommen in einem existentiellen Sinne. Und das ist eben nicht erst im Alter Thema, sondern das Lebensthema schlechthin. Bei den Höhen und Tiefen und Schicksalsschlägen des Lebens werden wir immer wieder einmal darauf gestoßen. Das Leben hält manchen Weckruf bereit: So kann eine Trauer zum Weckruf werden, wichtige Lebensentscheidungen und -korrekturen wie Abbrüche im Lebenslauf und berufliche Neuorientierung können Weckrufe sein. Auch Scheidung und Neuverheiratung, die Geburt eines Kindes, der Tod eines nahen Menschen kann so ein Weckruf sein. Aber nicht immer müssen es die ganz großen Lebensthemen sein, manchmal schleicht sich der »Ankommensmoment« auch ganz schlicht und unspektakulär an: Wenn wir morgens vor das Haus treten, milde Sonnenstrahlen bringen den gegenüberliegenden Baum zum Strahlen, auf einem Ast sitzt ein Rotkehlchen und singt sein Morgenlied. Und für ein paar Momente vergessen wir alles, was hinter uns und was vor uns liegt. Wir sind angekommen, einfach nur ganz da, an diesem Morgen, vor diesem Haus, unter diesem Baum. Unser Herz öffnet sich, und wir sind da.

Immer wieder einmal wird uns die Tatsache bewusst, dass wir leben, dass wir im Dasein sind. Und die Frage taucht immer mal wieder auf, was das denn eigentlich zu bedeuten, was es mit unserem Leben auf sich habe. Doch lässt sie sich dann auch wieder ganz gut verdrängen und vergessen. Schließlich hat sich der Heranwachsende und der Erwachsene in seinem aktiven Leben mit Wichtigerem zu beschäftigen – und schon sind wir wieder im Modus der

Äußerlichkeiten und Alltäglichkeiten. Doch nach dem Ablauf der überwiegend aktiven Lebensphase, wenn langsam und immer bedrängender die Anzahl der noch verbleibenden Lebensjahre überschaubar wird, können wir ihr nicht mehr ausweichen: der Frage nach dem Ziel der Reise, nach dem Lebenssinn insgesamt. Die gefühlte Distanz zum eigenen Tod wird mit jedem Jahr geringer, und der Mensch beginnt sich immer öfter zu fragen: Wie lange noch?

Dann drängt sich auch wieder die alte Daseinsfrage mit all ihren Facetten in den Vordergrund: Warum überhaupt werden wir geboren, wenn wir am Ende doch wieder sterben müssen? Was passiert, wenn wir sterben? Welche Bedeutung hat mein Leben überhaupt noch, wenn es zu Ende ist? Welche Bedeutung haben wir Menschen im gesamten Universum? Wie kam es überhaupt zu diesem Universum, was brachte es zum Entstehen? Wie lange wird es dieses Universum noch geben? Und was kommt danach? – Fragen und Gedanken, die natürlich im Laufe des Lebens immer wieder einmal da waren. Doch hatte man davor immer genügend anderes zu tun, sich um »bedeutendere« Dinge zu kümmern und für das Darüber-Hinaus weder Zeit noch Lust, wird es jetzt ernst in einem sehr existenziellen Sinne. Spätestens wenn dann immer wieder einmal vom Tod eines Gleichaltrigen aus dem eigenen Bekanntenkreis zu hören ist, den wir auf den Friedhof geleiten, greifen alle Strategien der Verdrängung und Denkverweigerung nicht mehr. Das Seins-Bewusstsein lässt sich nun nicht mehr abweisen. Selbst eine religiöse Verwurzelung ändert daran nichts wesentlich. Man ist unausweichlich an dem Punkt angekommen, wo es vor dieser Frage kein Entrinnen mehr gibt. Die persönliche Auseinandersetzung mit dem eigenen Dasein, der eigenen Endlichkeit bleibt keinem erspart. Das mag zunächst eine gewisse Verunsicherung mit sich bringen. Doch es liegt darin auch die Chance, dass sich neue Bewusstseinsräume öffnen und eine Aussöhnung mit der eigenen Sterblichkeit stattfinden kann: der zentrale Aspekt des Älterwerdens.

Darum darf diese Bewusstseinserweiterung, diese Umstellung aus dem Modus der Alltäglichkeiten in den Seins-Modus auch als Chance betrachtet werden, denn nun kann die Zeit des Älterwerdens auch als Reifezeit bewusst gestaltet und gelebt werden. Und jeder hat die Möglichkeit, an dieser Bewusstseinserweiterung selbst zu arbeiten. Vieles ist auf der Ebene der Alltäglichkeiten zum Abschluss und zur Reife gekommen oder steht kurz davor. Und in uns verdichtet sich das Gefühl, dass es jetzt gut ist, was die materiellen Dinge betrifft: Finanzieller Reichtum, Besitz und äußerer Wohlstand wie ein dicker Wagen, ein prallgefülltes Bankkonto oder Portfolio mit Immobilien werden zunehmend unwichtig. Das Haus ist gebaut; das Kind ist gezeugt; das Buch ist geschrieben – wie es das chinesische Sprichwort fordert. Anders ausgedrückt: Das Werk – geistig, wirtschaftlich, generativ – ist jetzt vollendet, was immer es auch war. Ein ungeheurer Freiheitsraum tut sich vor uns auf. Und die Frage ist: »Was machen wir denn jetzt, wenn alles getan ist? Etwa nichts?« Genau, einfach nur da sein, darum geht es nun. Und wie wir gleich sehen werden, erschließt sich uns in diesem »nichts« die ganze Seinsfülle.

Einfach da sein

Das Aussteigen aus dem Modus der Alltäglichkeiten und das Ankommen im Seins-Modus – wenn wir das vollzogen haben, verändern sich unser Blick auf das Leben und unser Lebensgefühl grundlegend: Eine tiefe Zufriedenheit kann sich ausbreiten. Wir finden immer mehr zu einer Haltung achtsamen und stillen Einverständnisses mit dem, was ist und wie es ist. Selbst wenn wir in gewohnter Weise unseren täglichen Verrichtungen nachgehen. Die innere Haltung ist jetzt eine andere geworden. Die Gier, der Lebenshunger sind gesättigt, der Druck weicht, die Umtriebigkeit und Rastlosigkeit früherer Jahre kommen zur Ruhe. Das Werk, das zu tun war, ist getan. Man kann mit Freude darauf blicken und sich Ruhe gönnen. Stille und Ruhe dürfen sich breitmachen. Und das ist etwas, was uns ja nicht so leichtfällt. Das ist eine ganz neue Kunst, die jetzt heranreifen kann: die Kernkompetenz für das Leben im Alter. Das reine Schauen auf den Augenblick. Das Leben ganz im Jetzt. Altwerden hat etwas Meditatives, denn auch beim Meditieren wird allein dieses geübt: Achtsam anzukommen, da zu sein – hier und jetzt. Auch an dieser Stelle wird wieder deutlich, dass dies schon im Verlauf des ganzen Lebens immer wieder einmal geübt werden kann und sollte: Aus dem Modus der Alltäglichkeiten in den Seins-Modus umzuschalten. Viele jüngere und ältere Menschen praktizieren ja schon irgendeine Form regelmäßigen Meditierens. Doch spätestens jetzt, also ab 50 plus, wird es wirklich Zeit für einen derartigen Übungsweg.

Dann wird es auch friedlich in uns. Friede und innere Zufriedenheit können das Grundgefühl dieser Zeit werden. Das bedeutet, dass man jetzt nichts mehr erreichen muss;

dass jetzt auch alles jammervolle Rückwärtsschauen, alles Hängenbleiben in einer imaginären Hätte-wäre-könnte-doch-Vergangenheit erledigt ist. Die Unzufriedenheit, der Missmut an der beruflichen oder familiären Entwicklung etwa und am Leben überhaupt, die Frustration über dieses und jenes – all das hat sich jetzt gelegt. Das Misslungene wird angenommen; dem Verlorenen wird nicht mehr nachgetrauert. Wir akzeptieren und nehmen an, was möglich war. Alles Hadern und Zweifeln am Schicksal ist jetzt beendet. Keiner kann in der Gegenwart, in diesem Augenblick ankommen, der nicht zu einem tiefen Einverständnis mit dem Leben gefunden hat. Einverständnis mit dem, was war und wie es ist. Ganz ohne Verhärtung, ganz ohne Verbitterung. Das ganze Leben darf jetzt in einen tiefen Einklang einschwingen. So stellt sich zumindest die Idealform dar. Und es bedarf ständigen bewussten Übens auch schon lange vor dem Älterwerden, um auch tatsächlich in diesen Seins-Modus zu gelangen – und in ihm zu verbleiben. Wie, das wird in den nachfolgenden Kapiteln näher erläutert werden.

Im Idealfall heißt das, dass man jetzt auch seine zwischenmenschlichen Beziehungen gut geregelt hat. Dass man, falls nötig, auch Konflikte mit seinen Mitmenschen – Eltern, Verwandte, die eigenen Kinder, Nachbarn – beigelegt hat, dass alle Verstrickungen gelöst, alle Psychospiele ausgespielt und alle Machtkämpfe ausgekämpft sind. Dass auch alle Schuld und Schuldzuweisung ausgestanden ist; dass man, wo es nötig war, um Verzeihung und Vergebung gebeten hat und seinerseits vergeben hat, was zu vergeben war. Geist und Gemüt haben sich geklärt in Nachsicht, Demut, Verzeihen, in Güte und Menschenfreundlichkeit. Der sprichwörtliche mürrische, zänkische, habgierige, streitsüchtige, rechthaberische, missgünstige Alte wäre noch nicht so weit, dass er sagen könnte, er sei nun in der Gegenwart angekommen.

Es bedeutet auch, dass man durch ist mit den ganzen Sorgen und Nöten, auch Neurosen und Ängsten; dass alle zurückliegenden Schmerzen und Enttäuschungen jetzt überwunden sind; dass man auch alle Süchte und selbstschädigenden Gewohnheiten hinter sich gelassen hat. Mit der Erfahrung des Angekommenseins verträgt sich nicht mehr gieriges Raffen und In-sich-Hineinstopfen. Das mag früher mal gewesen sein, doch jetzt ist es gut!

Vom Haben zum Sein

Wer in dieser Fülle des Lebens angekommen ist, hat seinen Lebensschwerpunkt vom Haben auf das Sein verlagert. Darum ist diese Haltung von zunehmender Lebensbescheidenheit gekennzeichnet. In ihr wächst auch die Erkenntnis, dass viele Dinge, die wir haben, eigentlich gar nicht nötig sind. Wir lernen, die Schönheit und Vollkommenheit des gegenwärtigen Augenblicks zu genießen und zu lieben. Und es gehört zu den schönsten Erfahrungen des Älterwerdens, zu sehen, wie wenig wir eigentlich zum Glück brauchen – und diese Einsicht gilt sogar und gerade für das Essen und Trinken. Man ist angekommen in einer existenziellen, spirituellen Fülle, die die »fleischlichen« Bedürfnisse zwar nicht beseitigt, aber doch relativiert. Wer das nicht verstanden und auch immer wieder gespürt hat, ist in Gefahr, dass er die altersgemäße existenziell-spirituelle Sehnsucht und Bedürftigkeit auf körperlicher Ebene ersatzbefriedigt. Dann haben wir Erscheinungen von Torschlusspanik mit ihren typischen senilen Formen von Suchtverhalten.

Dahinter verbirgt sich das Gefühl eines tiefen Mangels, eines Empfindens, dass das Entscheidende noch fehlt. Und das versucht man dann verzweifelt mit den falschen Mitteln zu befriedigen. Gerontologen wissen um die Suchtgefährdung gerade im Alter. Altersalkoholismus und Esssucht sind ein weitgehend schamhaft verschwiegenes Problem im Seniorenalter. Wer hingegen in dieser existenziellen Fülle angekommen ist, wird immer öfter das Glas stehen lassen und den Kühlschrank geschlossen halten. Der Durst, der Hunger sind gestillt – nicht weil der Magen voll ist, nicht weil wir Mengen in uns hineingestopft und hineingeschüttet hätten, sondern weil wir mit Geist, Herz und Gemüt im Leben, in seiner unerschöpflichen Tiefe angekommen sind. Wir haben immer tiefer gefühlt und erfahren, wie wenig Glück mit Haben, wie viel es aber mit Sein zu tun hat. Die Erfahrung, dass genug genügt, ist jetzt immer leichter zu machen.

Now forever

Es gibt auch viele ältere Menschen, die ihr Älterwerden als eine Art Krankheit betrachten, als einen möglichst zu vermeidenden Betriebsunfall. Kein Wunder, schließlich wird uns allen das ja von der mächtigen Anti-Aging-Lobby eingehämmert: »Young forever«, heißt deren Versprechen, das die Leute glauben sollen – und auch gerne glauben wollten, wenn sie könnten. Weil das aber nicht geht, schämt man sich seines Alters, versucht es zu verstecken. Man ist neidisch auf die Jungen, die angeblich etwas haben, was einem selbst abhanden gekommen ist – weil man nicht in der Fülle des Seins angekommen ist. Viele ältere Menschen schämen sich ihrer

Falten und Runzeln, der abnehmenden Kräfte, und missgönnen den Jungen ihre makellose Schönheit und strotzende Kraft. Sie hadern, nörgeln und lamentieren so ausdauernd über das halb leere Glas, dass sie die überaus beglückende Fülle der verbleibenden Hälfte gar nicht sehen können. Sie sind nicht in der Fülle des Seins, dieses Augenblicks angekommen, in der erfahrenen, gefühlten Fülle. Denn wenn einer existenziell in der Fülle des Seins angekommen ist, für den hat sich »Anti-Aging« erledigt. Jetzt braucht er diese »Young forever«-Versprechungen nicht mehr, denn dieses »Jetzt« birgt eine Ahnung von zeitlosem Gegenwärtig-Sein, das sich wie eine Verheißung auf Ewigkeit anfühlt. An die Stelle des »Young forever« tritt »Now forever«. Und unversehens sind wir im *»nunc stans«* der mittelalterlichen Mystiker angekommen, mit dem diese versucht haben, eine ewige Gegenwart und Wirklichkeit zu ertasten und sich darin zu verorten. Im Jetzt jedes Augenblicks sind alle Unterschiede der Altersstufen bedeutungslos geworden. Jedes Lebensalter ist das »schönste«, jedes Alter ist genau richtig, wenn es in der zeitlosen Gegenwart geortet ist. Wer aus einer gefühlten und erfahrenen Fülle heraus ins Leben schaut, erfährt seine späteren Jahre nicht als defizitär, weil er im Bewusstsein und in der Erfahrung von so etwas wie ewiger Gegenwart angekommen ist. Für ihn ist offensichtlich und erlebbar, dass jedes Alter – egal wie die Zahl der Jahre heißt, 20 oder 80 – prallvolles Leben ist.

Statt Trauer und Abschiedsgefühlen erfahren wir eine stille und große Freude über dieses ganze reiche Leben, von dem wir Teil sind. Wir spüren, dass es in uns Gewicht und Tiefe gewonnen hat, weil wir uns diesem Eigentlichen genähert haben. Nicht Abschiednehmen also, sondern Ankommen, Schritt für Schritt.

Bei dieser Erfahrung des Angekommenseins macht es gar nichts, dass wir überhaupt nicht genau und konkret sagen und beschreiben und definieren können, wo angekommen. Angekommen an unserer Quelle vielleicht, dem namenlosen Geheimnis unseres Ursprungs? Das rechte Wort dafür mag jeder für sich finden. Und langsam entsteht im Angekommenen ein Staunen über dieses Leben, sein Geheimnis, seine Tiefe und Faszination. Dieses Staunen wird mit jedem Tag größer. Und mit dem Staunen wächst eine tiefe Dankbarkeit über das Geschenk des Daseins. In dieser stillen Freude wird auch die vormals bedrängende Sinnfrage mehr oder weniger als erledigt erlebt. Es ist eine tiefe Sinn-Erfahrung – ohne Diskurs, ohne Worte und Begriffe. An dieser Stelle wird nochmals deutlich, wie wichtig es in dieser Lebensphase ist, dass wir uns nicht auf das Abschiednehmen fixieren. Wer nur auf das schaut, was nicht mehr geht, wer ganz im Abschied lebt, befindet sich noch im Modus der Alltäglichkeiten. Wer so denkt, läuft Gefahr, zunehmend traurig und depressiv zu werden, statt auf das Ankommen in der Gegenwart zu achten, statt sich immer wieder darauf zu besinnen und immer besser zu realisieren, dass das volle Leben immer nur heute stattfindet – und zwar für jeden, egal wie alt! Nur in der Hingabe an diesen Augenblick verschwinden alle Trauer und alle Angst. Und nur in wertschätzender Bescheidung auf die noch vorhandenen Möglichkeiten scheint das Glück auf.

Jenseits der Verzweiflung

Selbstverständlich blickt jeder alte Mensch auch auf stürmische Zeiten und Lebensphasen zurück, in denen Angst, Bedrängnis und Not schier unüberwindlich schienen. Und das setzt sich unter Umständen bis in die Tage des Alters fort. Alte Menschen sind ja nicht nur alt, sondern oft auch krank, alleine, arm, gebrechlich oder behindert. Jeder alte Mensch kennt schlimme und schlimmste Ereignisse und Lebenserfahrungen: den körperlichen Abbau und die innere Lustlosigkeit am Leben. Angst und Krankheiten, Müdigkeit und Überdruss. Die Sorgen, die Ratlosigkeit und den Schmerz, den der Verlust geliebter Menschen verursacht. Und auch das quälende Heimweh nach den Zeiten, als sie noch jung waren, als das Kinderzimmer noch voller Lachen und Geschrei war. Alte Menschen kennen auch Gefühle der Sinnlosigkeit und bisweilen sogar schwere Depressionen. Es ist wichtig, dass wir das nicht verdrängen und leugnen, sondern würdigen und anerkennen.

Wer durch den Schmerz hindurchgegangen ist, hat die Erfahrung gemacht, dass kein Leid, kein Schmerz ewig dauert. Und das ist das Tröstliche: Haben wir doch immer wieder erfahren können, dass die Hingabe auch an das Dunkle und die Nacht uns ihre Rhythmen und Gesetze spüren lässt, uns ihr verborgenes Licht ahnen lässt, bis uns dessen Schein wieder aufgeht. Zur Erfahrung des existentiellen Ankommens gehören auch diese Nachtstunden mit all ihren Gefühlen der Verlorenheit und Verzweiflung, bis wir wieder in die Verbindung eingetreten sind mit dieser geheimnisvollen Tiefe; bis wir wieder ergriffen sind, uns wieder erfahren als Teil von allem, vom Ganzen. Und im Spüren dieser Verbindung erfahren wir wieder, dass alles da ist, dass uns nichts fehlt, weil alles eins ist. Die Hingabe in die Gegenwart hinein, das Ankommen schafft Verbindung und löst jede Vereinzelung auf.

Im Lauf unseres Lebens und insbesondere unseres Älterwerdens haben wir es gelernt, das richtige Hinschauen, das hingebende Da-Sein, das Schauen und Hören mit dem Herzen. Im Verlauf des Sommers unseres Lebens sind wir immer mehr auf den Tiefen-Geschmack des Lebens gekommen, auf den einen Geschmack. Und dieses hingebende Hören in die Stille hinein hat uns nach und nach jenen tieferen Klang hören lassen – den einen Klang, in dem das Ganze tönt. Bisweilen kann es sogar sein, dass wir uns selbst als eine Schwingung dieses Klanges erfahren. Und dann ist es so weit: Wir sind angekommen. Die letzte, endgültige Vereinigung – die »*unio mystica*« – ist vollzogen.

Ein Programm ins Leben

Es gibt viele Wege, die in die gleiche Mitte führen, viele Praktiken, die einladen, den Weg in die Mitte zu gehen. Das ist natürlich auch originäres Thema aller Weltreligionen – oder sollte es zumindest sein. Ein Bild aus der östlichen Weisheitslehre vergleicht die verschiedenen Religionen mit den Speichen eines großen Rades. Sie führen alle von außen zur Mitte, und nahe der Nabe des Rades sind sich alle Wege ganz nahe, bis sie in der Mitte eins werden. Das bedeutet ankommen im Tiefsten: in dieser Mitte, im namenlosen Geheimnis ankommen.

Die Frage ist nun, wie wir diese Erkenntnisse und Einsichten alltagstauglich machen können, wie wir »aufwachen« können und unser Bewusstsein für dieses Ankommen schulen. Denn von alleine stellt es sich nur selten und dann eher überraschend ein. Etwa wenn wir an einem schönen Sommertag schweigend über einen Feldweg gehen, über uns die Wolken und der Himmel, und rings um uns herum ausgedehnte Kornfelder – und eine große Stille. Und wir mit einem Mal wissen: Ja, wir sind angekommen. Dann bleiben wir stehen und verharren eine Weile ergriffen in dieser namenlosen Gegenwart. Oder wenn wir in einer stillen Nacht noch einmal vors Haus treten – um uns hat sich Stille ausgebreitet und über uns wölbt sich der Sternenhimmel –, und eine Ahnung von Unendlichkeit ergreift uns. Und plötzlich spüren wir: Wir sind da. Es ist da, wir sind da.

Solche punktuellen Erfahrungen zeigen und machen erfahrbar, dass es eigentlich immer da ist, aber dass wir nicht immer da sind. Und eben in diesem Mangel liegt auch zugleich unsere Chance: Wir können unsere Achtsamkeit und unser Bewusstsein darauf lenken, um uns immer wieder zu besinnen – und bewusst anzukommen. Um nichts Anderes geht es auch beim Meditieren, das die verschiedenen Weltreligionen in allen möglichen Techniken herausgebildet haben und das heutzutage auch mehr oder weniger transkonfessionell und religionsfrei vermittelt und geübt werden kann. Und so ist auch der Weg, der hier vorgeschlagen wird, an keine bestimmte Religion gebunden. Wer sich allerdings einer Religion zugehörig fühlt, kann den hier gezeigten Weg problemlos mit seiner Religion verbinden.

Ankommen – lange vor dem Älterwerden

Ankommen in diesem tieferen, spirituellen Verständnis ist somit nicht erst im Rentenalter Thema. Ankommen ist ein Thema durch unser ganzes Leben hindurch. Wir sollten möglichst schon vor dem Älterwerden erwachen und Erfahrungen mit dem Ankommen gemacht haben und es möglichst auch schon geübt haben. Wer dieses Bewusstsein des Ankommens rechtzeitig einzuüben begonnen hat, für den kann das ganze Leben zu einem Ankommen werden. Doch speziell, wenn man dann das Alter herannahen sieht – durchaus noch in der aktiven Berufszeit –, wird es Zeit, das Ankommen auch tatsächlich und ganz konkret einzuüben.

In den nachfolgenden Kapiteln soll das praxisnah dargestellt werden. Wir können und dürfen schon in den reiferen Lebensjahren ein Bewusstsein für dieses Ankommen im Jetzt entwickeln; wir sind eingeladen, bereits in unserer aktiven Lebenszeit mit dem Üben zu beginnen, und dann werden wir die Erfahrung machen, wenn wir älter und älter werden, dass dieses Älterwerden seine Angst einflößende Aura verliert. Wir sehen, dass wir ankommen in einem Land, das uns schon bekannt ist, wir kommen an im Jetzt.

Somit muss das Alter im Leben keine Zäsur darstellen, sondern wird als Leben, als Gegenwart erfahren wie bereits zeitlebens. Wir werden also unter dem Gesichtspunkt des Gegenwärtig-Seins und des Ankommens einen Blick auf unser Leben richten, um nach und nach besser zu verstehen, dass jeder Moment des Lebens ein Moment des Ankommens ist. Leserinnen und Leser sind eingeladen, dieses Bewusstsein und diesen Prozess auch schon etwas früher im Leben einzuüben und nicht erst dann, wenn das Leben zur Neige geht. Im Leben ankommen geschieht während des Lebens und nicht erst an dessen Ende.

Basisübung Ankommen

Beginnen wir nun also einen Blick auf die Praxis zu werfen und die ersten praktischen Schritte zu versuchen. Da das Ankommen vor allem ein geistiger, mentaler, existenzieller Akt ist, den es ganz bewusst zu vollziehen gilt, haben die großen Meister aller spirituellen Traditionen in Ost und West Übungswege und Übungsformen entwickelt. Und wir sind eingeladen, uns diese jahrhundertealten Erfahrungen zu eigen zu machen, sodass sich bestenfalls auch unser Alltagsleben tiefgreifend verändert. Der erste Schritt ist, dass wir uns einmal in unserem praktischen Alltag etwas genauer zuschauen, denn da wird uns sofort bewusst, dass wir eigentlich nie da sind, wo wir gerade sind.

Wenn wir zum Beispiel in der Küche das Gemüse für das Essen waschen und putzen, sind wir mit unseren Gedanken schon bei dem Moment, wenn es klingelt und die Kinder aus der Schule kommen. Oder wenn wir morgens aus dem Bett aufstehen, sind wir mit den Gedanken schon bei der

Der klassische Lotus-Sitz

Arbeit oder hängen noch an einem Gespräch mit unserem Partner/unserer Partnerin vom gestrigen Tag. Oder wenn wir unterwegs zur Arbeit sind, sind wir gar nicht richtig auf der Straße oder auf dem Weg, sondern beschäftigen uns mit der Frage, ob wir auch tatsächlich daran gedacht haben, die Mülltonnen rauszustellen oder die Wohnung abzuschließen. Jeder hat seine Lieblingsschleifen, in denen er rumhängt, statt ganz »hier« zu sein. Wir sind zwar physisch da, aber wir sind nicht hier angekommen, an diesem Ort und in diesem Augenblick. Darum ist es für ein bewusst geführtes Leben ganz elementar, dieses »Ankommen« einzuüben. Wer sich dafür entschieden hat, diesen Weg zu gehen, sollte die nachfolgend beschriebene Basisübung wenn möglich regelmäßig außerhalb der normalen Tagesaktivitäten durchführen. Er sollte sich täglich eine gute halbe Stunde reservieren, um in dieser Weise zu meditieren, um also dieses Ankommen regelmäßig einzuüben. Wer sich abseits der Umtriebigkeit und Hektik des Alltags einen Rückzugsort und eine Zeit der Stille schafft, hat es dann auch im Alltag und vor allem in stressigen Situationen leichter, immer wieder mal Abstand zu gewinnen, runterzuschalten und in den achtsamen Ruhe-Modus zurückzufinden. Viele Meditierende reservieren sich am Morgen – manche auch am Abend – eine halbe Stunde bis eine Stunde Zeit zur Meditation.

Doch bevor ich im Nachfolgenden darstelle, wie diese Übungspraxis idealtypisch aussehen könnte, will ich Leserinnen und Leser ausdrücklich einladen, sich Zeit zu lassen, nichts übers Knie zu brechen. Es vergehen normalerweise viele Jahre, bis man die Sitzhaltung einnehmen kann, die

Entspannt auf einem Hocker

man von den entsprechenden Bildern kennt. Man muss sich immer wieder klarmachen, dass es sich wirklich um einen Weg handelt: Der Anfang ist der Anfang und nicht schon die Ankunft. Und wie wir wissen, beginnt auch ein Weg von 1000 Meilen mit dem ersten Schritt. Jeder kann und muss für sich entscheiden, wie viel Zeit und Geduld er aufbringen, wie viel Aufwand er treiben möchte. Auch das Weniger-Üben ist wertvoll und wirksam. Keiner soll sich als Versager fühlen, wenn es ihm nur am Wochenende gelingt, genügend Zeit freizuhalten, um diese Übung zu vollziehen.

Das gilt vor allem auch für die Sitzhaltung, die man beim Meditieren einnimmt. Es ist völlig in Ordnung, wenn man

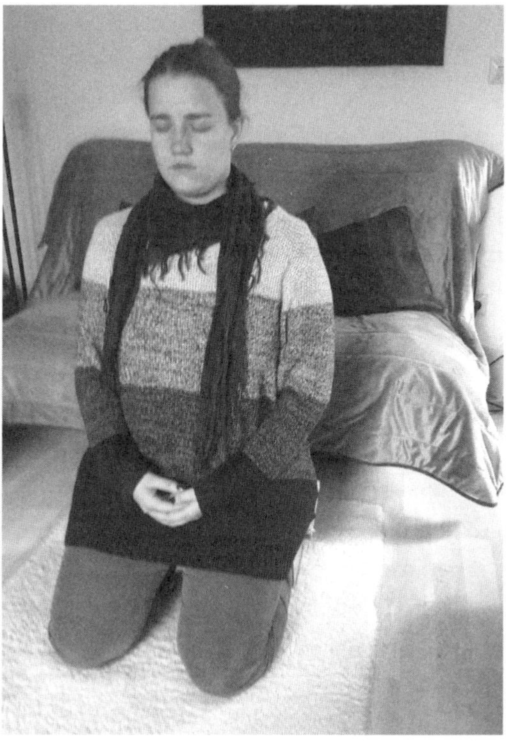

Der Fersen-Sitz

Zeit seines Lebens diese Übung der Meditation sitzend auf dem Stuhl macht. Es soll sich keiner unter Stress bringen, wenn er nach fünf Jahren immer noch auf dem Stuhl sitzend entspannt die Übung vollzieht und nicht auf dem Sitzkissen am Boden. Immer wieder sei gesagt: Hier geht es nicht um sportliche Leistungen oder besondere Gelenkigkeit.

Ganz wichtig ist, dass wir immer liebevoll mit uns umgehen, keinen Druck, keinen Zwang auf uns selbst ausüben. Menschen sind hier ganz unterschiedlich motiviert. Nicht jedem ist es wichtig, dass er sich konsequent jeden Tag diese Zeit reserviert. Normal ist auch hier, dass der »Hunger« mit dem »Essen« kommt. Es gibt auch immer wieder Interessierte, die einfach einmal anfangen und dann sehen wollen, was sich daraus entwickelt.

Wenn eine gewisse Anfangs-Motivation vorhanden ist, wäre es sicher auch hilfreich, einfach mal einen Kurs bei einem der vielen Angebote mitzumachen, sich eventuell einer Meditationsgruppe anzuschließen. Wo entsprechende Kurse und Gruppen der Nähe zu finden sind, kann man im Internet erkunden. In einer Gruppe fühlt man sich getragen und mitgenommen. Und wenn man dann in so einem Kurs auf den Geschmack gekommen ist, kann man zu Hause leichter weitermachen. Es ist ein Entwicklungsprozess – wie bei einem großen Baum. Der braucht auch Zeit über viele Jahre hinweg, bis er zur vollen Größe herangereift und gewachsen ist, bis er schließlich Früchte trägt. Andererseits gilt aber auch: Diese Übung verlangt eine gewisse Regelmäßigkeit, damit sie ihr ganzes Potenzial, ihre stille Dynamik entfalten kann. Wer auf seine innere Stimme hört, wird seinen richtigen Rhythmus finden.

Die richtige Haltung

Bevor es losgeht, noch ein Wort zur richtigen Haltung: Beim Meditieren muss es nicht immer der klassische »Lotus-Sitz« sein. Es braucht Jahre regelmäßigen Übens, bevor man in der Lage ist, den wirklich mühelos einzunehmen. Wer allerdings eine gewisse Ausdauer hat, wird nach einiger Zeit selbst erfahren, welch tief unterstützende Wirkung diese Sitzhaltung hat. Der Aufwand und die Ausdauer lohnen sich. Es ist nicht völlig egal, wie man beim Meditieren sitzt. Und es ist auch nicht zutreffend, wenn immer wieder einmal zu hören ist, dass die Gelenke älterer Menschen für

Der halbe
Lotus-Sitz

diese Sitzform nicht mehr taugen. Jeder, der genügend Jahre praktiziert hat, weiß und erfährt das.

Es gibt vielerlei Gründe, warum das Einnehmen des vollen Lotus-Sitzes vielen Menschen nicht möglich ist. Das ist auch nicht nötig, denn es gibt mehrere Abstufungen: Beim halben Lotus-Sitz bleibt der eine Fuß auf der Auflage liegen, und der andere Fuß wird auf den gegenüberliegenden Oberschenkel gelegt. Beim Viertel-Lotus-Sitz bleibt der eine Fuß ebenfalls auf der Auflage liegen, während der andere auf die gegenüberliegende Wade gelegt wird. Das ist deutlich einfacher auszuführen. Sodann gibt es noch den Fersen-Sitz – mit oder ohne Sitzkissen oder Meditations-Schemel.

Der Viertel-Lotus-Sitz

Und schließlich gibt es noch die Möglichkeit, sich aufrecht und entspannt auf einen Stuhl zu setzen. Wichtig ist vor allem, dass man eine aufrechte und tief-entspannte Körperhaltung einnimmt.

Die Aufrichtung vollzieht man auch mental vom Becken bis zum Scheitel. Die ganze Wirbelsäule ist aufgerichtet, bildet in gewissem Sinne eine Antenne gerichteter Wahrnehmung. Alle Muskelanspannungen und Verspannungen werden – wie etwa auch beim Autogenen Training – bewusst losgelassen. Dies vorausgeschickt, steigen wir jetzt in die Übung ein.

Die vier Grundschritte

Diese Basisübung »Ankommen« vollziehen wir in ***vier elementaren Grundschritten****:*

Wir setzen uns erst einmal hin und nehmen, wie oben beschrieben, eine ***tief-entspannte Körperhaltung*** *ein – im Fersen-Sitz, in den verschiedenen Abstufungen des Lotus-Sitzes oder auch ganz entspannt auf einem Stuhl. Dann horchen wir in uns hinein: Wo sitzen die Anspannungen und die verspannten Muskeln? Jeder kennt seine besonderen Stellen im Körper, die er normalerweise besonders verkrampft und verspannt. Wenn es die Schultern oder der Nacken sind: Die Aufmerksamkeit darauf richten – und loslassen. Die Muskeln lockerlassen, mit dem Ausatmen die Spannung abfließen lassen. Bei Vielen sind es auch der Brustbereich oder die Bauchmuskeln: Die Anspannung in diesen Körperregionen bewusst wahrnehmen – und loslassen. Die Bauchdecke weich und locker werden lassen und die Anspannung abfließen lassen.*

Manch einer hat auch noch, bevor er sich zur Meditation hinsetzt, die Stirn in Falten gelegt oder knirscht gar mit den Zähnen. Es ist wichtig, sich auch diese Anspannung bewusst zu machen. Und dann den Atem wieder weich und ruhig fließen lassen, bis ein Lächeln entsteht. Sich selbst freundlich zuzulächeln ist ein guter Weg zur Entspannung.

Der zweite Schritt ist das ***Ankommen beim eigenen Atem****, die bewusste Wahrnehmung und Befreiung des Atems. Der Übende wird sich dessen bewusst, dass er atmet, und er lässt den Atem kommen und gehen, wie er kommt und geht, er übt keinen Druck aus, nimmt einfach nur wahr, dass er atmet und wie der Atem ein- und ausströmt. Er lässt auch bewusst das Zwerchfell locker, lässt alle Anspannungen des Brust- und Bauchraumes los und spürt einfach nur, was ist. Das achtsame Wahrnehmen des Atems ist das Einzige, was jetzt wichtig ist. Der Übende macht den Atem nicht, er lässt es einfach atmen. Nicht mehr »ich atme«, sondern »es atmet«. Der Übende schaut seinem eigenen Atem zu. Und er spürt, wie mit jedem Ausatmen noch mehr Spannung abfließt, wie sich die Entspannung im ganzen Körper ausbreitet.*

Beim dritten Schritt geht es um die ***achtsame Ausrichtung des Bewusstseins****. Sachte, aber klar und entschieden richtet der Meditierende seine ganze Aufmerksamkeit auf diesen einen Augenblick. Nur das, was er in diesem Moment wahrnimmt, hat Bedeutung. Die Gedanken wollen abschweifen, sich mit dem Drama von gestern am Arbeitsplatz beschäftigen oder das nächste Wochenende planen. Wir holen sie sanft zurück in dieses Hier und* *in dieses Jetzt. Was davor war und was danach kommt, interessiert jetzt nicht, es existiert jetzt nicht. Nur das, was in diesem Augenblick in der achtsamen Wahrnehmung erscheint, ist jetzt da. Das ganze »Kopf-Kino« – erfreulich oder unerfreulich – ist keine Realität, gehört nicht zum Hier und Jetzt, es wird bewusst abgeschaltet. Reines Wahrnehmen heißt auch, nicht wertend wahrzunehmen. Die wahrgenommenen Dinge werden keinerlei positiver oder negativer Beurteilung unterzogen. Ich spüre den Atem und lasse ihn strömen, wie er strömt. Ich nehme meine Körperempfindungen wahr, meine eventuell immer noch vorhandenen Muskelanspannungen oder auch Hautempfindungen. Die Hände ruhen; die Lippen sind sanft geschlossen. Was jetzt gerade ist, das ist. Auch die Geräusche innerhalb und außerhalb des Raumes werden wahrgenommen. Sie gehören zum Jetzt dieses Augenblicks. Und indem ich den Atem und den Körper und den Raum wahrnehme und sein lasse, werde ich noch tiefer entspannt. Mit jedem Atemzug noch etwas tiefer entspannt – aber ohne es bewusst zu machen oder zu wollen, einfach nur lassen.*

Und jetzt kommt der entscheidende Schritt im Prozess des Ankommens: die Übung des ***Des-Identifizierens, des Zeugen-Gewahrseins****: Das ist der letzte Schritt in die Freiheit. In die Ich-Freiheit. Stellen Sie sich vor, dass Sie gleichsam wie durch einen Spiegel oder mit einer Videokamera auf sich selber schauen, wie Sie so dasitzen. Und mit diesem Blick auf sich selbst geschieht etwas ganz Faszinierendes: Sie des-identifizieren sich, treten ein in den Bewusstseinszustand des Zeugen-Gewahrseins. Sie finden in einen Ich-freien Bewusstseinszustand, von dem aus Sie Ihrem normalen Alltags-Ich-Bewusstsein gegenüberstehen. Das muss ich jetzt noch etwas ausführlicher erläutern: Jeder macht bei* *sich die Erfahrung, dass er im normalen Alltagsbewusstsein den Kopf voller Gedanken und Ideen, voller Pläne und Erinnerungen hat und dass die Seele voller Emotionen wie Ärger, Trauer, Freude, Sorge, Angst, Hass oder Sehnsucht ist. Aber nicht nur das. All diese Gedanken und Emotionen haben die Tendenz, uns mehr oder weniger völlig zu vereinnahmen, von uns derart Besitz zu ergreifen, dass wir praktisch mit unseren Gefühlen verschmelzen.*

In der Übung des Des-Identifizierens werde ich mir wieder dessen bewusst, dass ich zwar diesen Ärger, diese Freude, diese Sorge empfinde; dass ich aber nicht diese Gefühle bin. Ich gehe auf Abstand, betrachte mich von außen: Ich des-identifiziere mich von alldem – und werde ein Stück weit frei. Ich kann gleichsam wie von außen auf mich mit meinen Gefühlen schauen. Die Gedanken, die Gefühle sind wie die Wolken am Himmel, die sich bilden und auch wieder auflösen, die auftauchen und auch wieder verschwinden. Der weite Himmel aber bleibt. Und ich bin nicht meine Gedanken und nicht meine Gefühle. Mein Bewusstsein ist der weite Himmel, wo sich Wolken und Winde und Regen und Gewitter bilden. In der Weite dieses Himmelsbewusstseins hat sich das kleine Ego-Bewusstsein aufgelöst. Hat sich vereint mit dem umfassenden Bewusstsein. Uns kann in solchen Momenten klar werden, dass wir mit unserem Ego-Bewusstsein nur Teil sind eines größeren Prozesses, einer großen Wirklichkeit, die sich vollzieht. Wir sind eingebettet in ein größeres Geschehen. Die Welt vollzieht sich, und wir sind selbst Teil dieses Größeren Ganzen. Wenn wir diese Ego-Identifizierung aufgegeben haben, werden wir uns der Einheit mit diesem Großen Ganzen bewusst und kommen in Kontakt mit unserer Quelle, mit dem namenlosen Geheimnis unseres Ursprungs.

Das Zeugen-Bewusstsein

Diese Übung des Des-Identifizierens ist der entscheidende Schritt bei jeder Achtsamkeitsübung, bei jeder Meditation. Darum soll es im Folgenden noch etwas ausführlicher erläutert werden. Insbesondere auch deswegen, weil es auch im hektischen Alltagsleben immer wieder den Weg freihält, sich aus Verstrickungen zu lösen oder erst gar nicht hineinzugeraten. Wieder Herr im eigenen Hause zu werden, statt überwiegend fremdbestimmt zu funktionieren.

Da, wie gesagt, diese Identifizierung mehr oder weniger unbewusst und ungewollt geschieht, ist es schon einmal ein wichtiger erster Schritt, zur Besinnung zu kommen und sich bewusst zu machen, dass man jetzt gerade sehr ärgerlich, unruhig, verwirrt oder wütend ist. Man tritt einen Schritt zurück und versucht, Distanz zum inneren Geschehen zu gewinnen. Stopp, was mache ich da eigentlich? Was geht gerade in mir vor? Abstand gewinnen bedeutet, dass ich mir des eigenen inneren Geschehens klar bewusst werde, dass ich mir bewusst mache, dass ich es bin, der diese Gedanken denkt und diese Gefühle *hat* – zugleich aber auch wahrnehme, dass ich nicht diese Gedanken und Gefühle *bin*. Dieser Switch wird von Meditationslehrern verglichen mit dem Wechsel von der Bühne hinunter in den Zuschauerraum oder in den Zeugenstand. Ich werde Zeuge einer Straßenszene, eines Geschehens. So gewinne ich Abstand und stehe meinem inneren Geschehen praktisch als Zuschauer gegenüber. Indem ich mein eigener Zeuge werde, wird mein Bewusstsein weiter. Ich verlasse die Ebene der Ich-Zustände mit all ihren Transaktionen und betrachte sie gewissermaßen von außen. Ein Bewusstseinswandel, eine Erweiterung des Normalbewusstseins findet statt: aus den Alltags-Ich-

Zuständen hinaus in ein Ich-freies Bewusstsein. Wir vergleichen die Gedanken und Emotionen mit Wolken am Himmel. In dieser Übung löst sich der Geist von ihnen und vereinigt sich mit der Weite des Himmels, in dem die Wolken auftauchen und verschwinden. Der Himmel bleibt. Darum nennt Ken Wilber diesen Ich-freien Zustand das Zeugen-Bewusstsein.

Jeder kennt sie ja, seine inneren Figuren, die da auf der Bühne agieren: den wütenden Kobold, den Rechthaber, das Unschuldslamm, den Rechtmacher, den strahlenden Helden, den redseligen Besserwisser, das arme Opfer und so weiter. In unseren Tagesphantasien agieren sie im Normalfall nicht nur von uns ungebremst, sondern sogar meistens unbemerkt. Doch das ändert sich jetzt. In diesem Zeugen-Gewahrsein sitze ich mir gewissermaßen selbst gegenüber und schaue zu, wie ich auf meiner inneren Bühne agiere. Dieses Gewahrsein vollzieht sich außerhalb der Ich-Ebene, ist transpersonales Bewusstsein. Reines Gewahr-Sein, reines Zeuge-Sein. Der Zeuge ist nicht involviert, ist aus allen Verstrickungen gelöst. Dieses Zeugen-Gewahrsein ist eine andere Instanz als das normale Ich-Bewusstsein, es steht diesem gegenüber. Wenn sich das Zeugen-Bewusstsein meiner Welt außen und innen zuwendet, gewinnt alles eine andere Qualität. Im reinen Zeugen-Gewahrsein tauchen Menschen auf, Häuser, Autos, Wolken, Vögel, Straßen – und auch dieses Ich, diese meine inneren Figuren, die sich gerade so aufgeführt haben. Und ich werde mir in mühelosem Gewahrsein all dieser Dinge und Geschehnisse bewusst – lasse sie aber draußen. Ich bin einfach und ohne Beteiligung nur ihr Zeuge – auch ohne jegliche Bewertung.

Es erfordert eine gewisse Zeit geduldigen Übens, um in die geistige Klarheit dieses Zeugen-Bewusstseins zu gelangen. Wenn ich dann in diesem Zeugen-Bewusstsein ruhe, sehe ich völlig klar: Ich bin nicht diese Emotionen und Gedanken, nicht all diese inneren Zustände, diese Turbulenzen und Aufregungen, Trägheiten, Frustrationen, Hoffnungen, Verzweiflungen, Freuden, Begeisterungen. Vom Zeugen-Bewusstsein aus schauen wir uns quasi diesen »Film«, dieses »Video« an. Sonst nichts. Das Betrachtete ist nach guter alter scholastischer Denkregel nicht der Betrachter. Und dadurch entsteht ein tiefes Gefühl von Befreiung und Erlösung. Psychologisch gesprochen löse ich mich aus allen Verstrickungen. Das entspannt, das befreit.

Dieses Zeugen-Gewahrsein ist allerdings ein Bewusstseinszustand, den es mit Geduld und Gelassenheit, Schritt für Schritt zu erwerben gilt. Keinesfalls sollten Sie von sich erwarten, dass Sie während der Übung die ganze Zeit in diesem Bewusstseins-Zustand zu sein haben. Doch im Verlauf der Übungsjahre verlängern sich die Zeiten, auch außerhalb des eigentlichen Meditierens, in denen Sie im Zustand dieses reinen Gewahrseins verweilen – bei allem, was Sie tun. Und das kann dann als sehr entlastend und befreiend empfunden werden. Darum ist es empfehlenswert, dass Sie die oben ausführlich beschriebene Basis-Übung möglichst täglich regelmäßig praktizieren: So sind Sie im Alltag gut vorbereitet und trainiert und schaffen es in entsprechenden kritischen Situationen leichter und unmittelbarer, auf Abstand zu gehen, sich nicht involvieren und verstricken zu lassen.

Es lässt sich jemandem, der noch nie meditiert hat, nur eingeschränkt vermitteln, was bei dieser Übung geschieht. Wer wissen will, wie Reis schmeckt, muss Reis essen, sagt ein chinesisches Sprichwort. Der Grund dafür ist, dass dies kein rein kognitives Geschehen ist, sondern ein sehr komplexes, ganzheitlich-existenzielles Üben. Wer noch nie selbst geflogen ist, dem lässt sich diese Erfahrung nicht wirklich nahebringen. Und dennoch ist es wichtig und auch möglich, dieses Geschehen rational-psychologisch zu erklären und sich darüber klarzuwerden.

Die Türe ins Leben aufstoßen

Wer also bereits während all der Jahre davor in diesem Sinne angekommen ist, ist auf das Ankommen beim Älterwerden bereits gut vorbereitet, er hat bei diesem Ankommen immer wieder auch mal einen Hauch jener geheimnisvollen, namenlosen Gegenwart spüren können, in der unser ganzes Sein tief geborgen ist. Er hat erfahren, dass jedes Ankommen eine Verbindung herstellt zu jenem namenlosen Urgrund, er hat erfahren, dass er darum keine Angst mehr vor dem Älterwerden zu haben braucht.

Die nächste Frage, die wichtigste Frage ist darum: Wie können wir diese Erfahrung, diese Erkenntnis alltagstauglich machen, wie können wir sie immer wieder in unser gelebtes Leben übertragen? Es wäre ein fatales Missverständnis, würde man glauben, dass es sich um mehr oder weniger getrennte Welten handelt: Zu Hause im stillen Kämmerlein wird die oben dargestellte Basis-Übung vollzogen, und dann schließt sich die Wohnungs- oder die Haustüre hinter uns, und wir treten in den tosenden Alltag hinaus, der mit dem Vorherigen nichts mehr zu tun hat. Vielmehr muss und kann unser Üben mehr oder weniger durchgängig werden. Zeit anzukommen ist immer und überall. Dann gewinnt unser Üben eine lebensverändernde Dynamik und eine stützende Kraft in sämtlichen Lebenslagen. Die Frage ist nur, wie? Denn im Verlauf eines langen Tages gibt es immer wieder einmal Situationen, in denen wir mehr oder weniger außer uns geraten sind. Die morgendliche meditative Stille ist dann vergessen. Um auch in solchen Situationen möglichst rasch wieder bei uns anzukommen, gibt es verschiedene Techniken und Methoden. Als besonders hilfreich für das Ankommen im Alltag hat sich die Glockenübung aus der Tradition des Zen erwiesen. Wenn die Teilnehmer einer Zen-Session auf ihren Sitzkissen Platz genommen haben, lässt der Leiter der Runde eine Klangschale ertönen, das klingt wie ein Glockenschlag, und die Teilnehmenden wissen, dass sie jetzt spätestens ankommen sollten – im Hier und im Jetzt, und zwar nicht nur physisch, sondern insbesondere mental mit dem Bewusstsein. Die Glocke hat auch in anderen Traditionen oft die Funktion, die Menschen zum Ankommen einzuladen. In vielen Klöstern sieht es die Regel vor, dass die Mönche mehrmals am Tag zusammenkommen, um miteinander zu beten. Die Glocke ruft sie jeweils zum Chorgebet zusammen. Viele Glocken sind Einladungen, anzukommen. Glocken ertönen, um Menschen an etwas zu erinnern. Früher – und auch heute noch – wurden die Kirchenglocken als Einladung an die Gläubigen geläutet, sich nun auf den Weg zu machen und zur Kirche zu gehen, um dort beim Wesentlichen anzukommen. Auf dem Land wurde früher auch zur Mittagsstunde geläutet, um die Gläubigen daran zu erinnern, den »Angelus« zu beten, innezuhalten und anzukommen. Für die Bäuerin und die Landarbeiter auch ein Signal, die Arbeit ruhen zu lassen und sich auf die Mittagspause und das Mittagessen vorzubereiten und zum Essen beieinander anzukommen. Und wenn die Abendglocken erklingen, sollen die Menschen wissen, dass nun langsam die

Arbeit ruhen darf: Die Arbeitenden dürfen sich nun auf den Weg machen, um wieder zu Hause anzukommen.

Glockenübung zum Ankommen

Wer auf dem Weg des achtsamen Lebens angekommen ist, befindet sich zunächst erst am Anfang. Um diesen Weg bewusst auch über viele Jahre weiterzugehen, braucht es Hilfen und ein bisschen tägliche Übung. Zu den bewährten Hilfen auf diesem Weg gehört die bereits erwähnte *Glockenübung*, die uns in bestimmten Situationen zum Ankommen im gegenwärtigen Augenblick einlädt. Bei bestimmten Signalen – das können durchaus auch Kirchenglocken sein, aber auch andere akustische Signale wie zum Beispiel ein Vogelruf draußen vor dem Fenster oder Kinderlachen unten auf der Straße. Auch wenn hoch in der Luft ein Flugzeug zu hören ist oder draußen auf der Straße ein Auto hupt, hält man inne und kommt bei sich und seinem Körper an. Man nimmt sich ganz bewusst wahr: Wie man gerade steht oder sitzt oder geht, spürt seinen Atem, bemerkt, ob dieser ruhig und gleichmäßig geht oder ob er stoßweise und hastig atmet. Man spürt die Füße, wie sie auf dem Boden aufliegen oder stehen, oder spürt die Sitzauflage, wenn man sitzt. Man ist sich seines Körpers bewusst, nimmt eventuelle Verspannungen wahr und lässt sie möglichst los. Man nimmt bewusst auch seinen Atem wahr und lässt ihn ganz ruhig werden. Man erinnert sich, dass jeder Augenblick der Beste ist, um hier und jetzt anzukommen. Man nimmt auch seine innere Befindlichkeit wahr, seinen Stress, seinen momentanen Ärger über die Kinder, die heute wieder nicht aus den Federn gekommen sind, seine Sorgen um den Jüngsten, der gerade in der Schule Probleme wegen Mathe hat, auch seine anhaltende Freude über die nette Verabschiedung heute früh mit seinem Partner/seiner Partnerin.

Was da ist, ist da. Man kann die Glockenübung bei allen möglichen akustischen Signalen machen, aber auch in bestimmten Situationen, in denen die Gefahr besteht, dass man aus dem inneren Gleichgewicht geraten könnte. Und natürlich besonders immer auch dann, wenn man bemerkt, dass man wieder einmal die Fassung verloren hat, sich nicht zentriert fühlt, den Überblick verloren hat.

Konkret beginnt die Glockenübung mit einem innerlichen »Stopp«. Und danach beenden wir zunächst einmal nur den Modus des »Autopiloten«. Dieser Begriff kommt ursprünglich aus dem Bereich der Navigation von Flugzeugen. Wenn die Maschine die erforderliche Höhe erreicht hat und sich auf dem richtigen Kurs befindet, kann der Pilot das weitere Navigieren dem Steuerungssystem des Bordcomputers überlassen. Wenn der richtig programmiert wurde, ist es für eine Weile nicht mehr nötig, dass der Pilot eingreift. Ganz ähnlich haben auch wir bei den normalen Alltagsabläufen unsere Programme verinnerlicht und funktionieren unserem inneren System entsprechend. Eine bewusste Steuerung findet nicht mehr statt, wir sind im Modus des »Autopiloten« – mit allen Vor- und Nachteilen, die damit verbunden sind. Viele alltägliche Verrichtungen laufen im Modus des »Autopiloten« zügig und reibungslos. Andererseits laufen allerdings auch unsere destruktiven Programme, unsere Konfliktprogramme ohne Steuerung und Lenkung durch unser Wachbewusstsein. Im Modus des »Autopiloten« funktionieren wir einfach nur und spielen unsere Programme ab. Die sind manchmal wohl ganz hilfreich, doch oft eben auch zerstörerisch oder selbstschädigend. Die Glockenübung kann nun die ganz wichtige Funktion bekommen, diesen Modus des »Autopiloten« zu beenden, sodass wir wieder im Bewusstseins-Modus ankommen.

Die fünf Schritte

Diese Übung vollzieht sich normalerweise in fünf Schritten. Später, wenn Sie gut vertraut sind mit dieser Übung, genügt schon ein kurzes Erinnern, und die wohltuenden Wirkungen stellen sich ein, ohne dass Sie die fünf Schritte nacheinander vollziehen müssen: Sie vollziehen sie gleichsam simultan. Doch zunächst erst einmal eine gewisse Zeit Schritt für Schritt. Hier also die fünf Schritte:

Lassen Sie innerlich eine Glocke erklingen – dann steigen Sie aus dem Modus des Autopiloten, das heißt des reinen Funktionierens, aus und nehmen sich wieder bewusst wahr. Kommen Sie bei sich im Hier und Jetzt an. Werden Sie sich dessen bewusst, was gerade läuft, was um Sie herum geschieht und was Sie gerade machen.

Nehmen Sie nun Ihren Körper wahr: Machen Sie sich bewusst, dass Sie gerade gehen oder stehen oder sitzen oder liegen oder rennen. Machen Sie sich alle Einzelheiten Ihres körperlichen Verhaltens bewusst: Wenn Sie zum Beispiel sitzen, ob Sie auf beiden Sitzknochen aufruhen oder ob Sie eher schief und einseitig sitzen; ob Sie gerade und aufgerichtet sind, oder mehr gekrümmt und gebeugt. Nehmen Sie auch wahr, ob Ihre Gesäßmuskeln verkrampft und zusammengepresst sind oder locker und weich auf der Sitzfläche aufruhen. Spüren Sie auch Ihre Füße, wie sie auf dem Boden aufliegen – oder eben nicht aufliegen, sondern irgendwie schräg oder angewinkelt oder mit dem Stuhlbein »verwickelt« sind. Nehmen Sie auch wahr, was Ihre Hände gerade machen, ob sie etwas halten oder vielleicht sogar nervös auf die Tischplatte trommeln, oder ob sie dort entspannt aufliegen und einfach nur ruhen. Machen Sie sich auch bewusst, wie locker oder angespannt und verkrampft Sie gerade im Schulter- und Nackenbereich sind. Ist Ihr Kopf gebeugt oder ruht er aufrecht auf den Schultern auf? Ist Ihr Gesicht entspannt, oder liegt die Stirn etwa in Falten? Ruhen die Kieferknochen locker und angenehm aufeinander, oder beißen Sie gerade die Zähne zusammen oder knirschen gar mit den Zähnen? Spüren Sie auch in den Bauch- und Brustraum hinein und bemerken Sie, wie weich oder eben wie verhärtet sich das anfühlt.

Sodann nehmen Sie auch Ihren Atem wahr. Strömt er ruhig und entspannt und gleichmäßig ein und aus, oder geht er gepresst und stoßweise, unruhig und hektisch? Geht der Atem in die Tiefe, oder atmen Sie nur ganz oberflächlich? Das bewusste Ankommen bei seinem eigenen Atem ist das Herzstück, die Mitte dieser Übung.

Und schließlich lassen Sie sich auch bewusst bei Ihrer inneren Befindlichkeit, bei Ihren Gefühlen und Gedanken ankommen. Sie nehmen Ihre Innenwelt wahr, aber zunächst ohne irgendetwas zu bewerten. Sind Sie in Unruhe oder in Hektik, sind Sie traurig oder enttäuscht, wütend oder ärgerlich; haben Sie Sorgen und Ängste oder Sehnsüchte? Nehmen Sie auch die Liebe wahr, die Sie in Ihrem Herzen spüren. Einfach nur wahrnehmen – und sein lassen.

Und zum Abschluss kommen Sie nochmals zum Atem zurück, um mit seiner Hilfe möglichst frei von Verkrampfungen und Anspannungen zu werden. Lassen Sie den Atem kommen und gehen, und mit jedem Ausatem lassen Sie eventuelle Spannungen abfließen. Wenn Sie beispielsweise im Brustbereich – oder wo auch immer – eine Anspannung empfinden, atmen Sie durch diesen Bereich und lassen mit dem Ausatem die Spannung dort abfließen. Mit jedem Ausatem noch mehr Spannung abfließen lassen. Und wenn Ihnen bewusst wird, wie Sie mehr und mehr auch ganz in der Tiefe gelassen werden – lassen Sie ein sanftes Lächeln auf Ihrem Gesicht entstehen. Ausatmen und lächeln. Ausatmen, Spannung loslassen, lächeln. Ausatmen, Spannung loslassen, lächeln.

Ankommen – in Beruf und Arbeitswelt

Wenn wir uns heute in der Berufs- und Arbeitswelt umsehen, hat man kaum den Eindruck, dass es den arbeitenden Menschen ums Ankommen geht. Vielmehr steht überall das Fort- und Weiterkommen im Mittelpunkt – mit all den nicht nur positiven Begleiterscheinungen, die mit einer solchen inneren Haltung und Einstellung verbunden sind. Bekannt sind die vielfältigen Klagen über negative Folgen von Beschleunigung im Arbeitsleben: Arbeitsstress, Arbeitsverdichtung, Unsicherheiten und Fremdsteuerung. Trotzdem wollen wir doch alle weiterkommen, nicht ankommen! Uns entwickeln, etwas aus uns machen. Ziele vor Augen haben; neue Ziele stecken. Das schafft Dynamik, und das wird von uns erwartet. Von unseren Chefs, von unseren Kolleginnen und Kollegen. Man soll/will es zu etwas bringen. Da, wo man steht, das, was man erreicht hat, reicht nicht. Man möchte weiter, noch ein bisschen weiter auf der Karriereleiter nach oben kommen; vielleicht noch eine kleine Fortbildung absolvieren, und dann eröffnen sich neue Chancen. Vielleicht auch endlich mal die Firma wechseln in einen Betrieb, in dem sich mehr Möglichkeiten für einen bieten.

Oder wenigstens einmal die Abteilung innerhalb der eigenen Firma wechseln, um die Monotonie des bisherigen Jobs mit den immer gleichen Vorgängen und den gleichen Aufgaben, den gleichen Mitarbeitern zu durchbrechen. Manch einer möchte auch noch ein bisschen mehr Geld verdienen. Dann könnte man sich endlich dies lang ersehnte Auto kaufen oder sich eine teurere Wohnung leisten, vielleicht sogar einen Hausbau in Angriff nehmen.

Dieses Streben nach Entwicklung und Weiterkommen ist einerseits ja ganz in Ordnung, das soll auf gar keinen Fall kritisiert werden. Doch es hat auch eine Kehrseite, wenn wir nicht achtsam mit uns umgehen. Es birgt nämlich die Gefahr, dass wir nie dort angekommen sind, wo wir gerade sind. Denn wenn wir an einem bestimmten Ort real angekommen sind, eilen wir mit unseren Gedanken und inneren Vorstellungen und unserer ganzen Aufmerksamkeit schon wieder weiter und sind bereits bei den nächsten Schritten und Zielen – noch bevor wir eigentlich richtig angekommen waren. Unsere gesamte Arbeitswelt ist geprägt von solch einer Unruhe, Umtriebigkeit und Hektik. Unsere Wirtschaft lebt nicht vom Stillstand, sondern von Entwicklung und Dynamik. Es muss was gehen, immer, überall, und zwar schnell und noch schneller. Und innerhalb dieses Getriebes hat jeder Einzelne seine Perspektiven und Ziele. Sie werden ihm vorgegeben, oder er setzt sie sich selbst. Der Blick geht in jedem Fall nach vorne, die Ziele drücken sich oft in Zahlen aus, in Umsatzzahlen, die auf jeden Mitarbeiter Druck erzeugen. Druck macht Stress, und wenn es zu viel Druck und Stress gibt, wehrt sich der Organismus mit körperlichen Symptomen wie Kopf- und Magenbeschwerden, Herzproblemen und schlimmstenfalls mit Burn-out. Mit »Burn-out« bezeichnen die Arbeitspsychologen jenen chronischen Erschöpfungszustand, der die Arbeitsfähigkeit sehr stark beeinträchtigt, bei dem sich der Betreffende auch irgendwie dauernd krank fühlt. Verschiedene Berufsgruppen sind besonders gefährdet, so zum Beispiel die helfenden Berufe. Nicht zufällig war es der amerikanische Psychoanalytiker Herbert Freudenberg, der den Begriff geprägt hat für diese Störung, die er vor mehr als 25 Jahren bei besonders pflichtbewussten, aufopferungsvollen, engagierten und hochmotivierten Mitarbeitern einer Drogeneinrichtung entdeckt hat. In der »Rushhour des Lebens«, also zwischen dem 30. und 50. Lebensjahr, ist eine stetige Zunahme solcher Erscheinungen von Ausgebranntsein zu erkennen. Nicht nur bei den helfenden Berufen, bei denen aber ganz besonders. Wer über eine längere Zeit hinweg über seine eigenen Kräfte hinausgeht, sich also permanent überfordert, läuft Gefahr, dass sein Organismus die Reißleine des Burn-outs zieht. Darum dürfen wir einen solchen Zusammenbruch durchaus auch als Weckruf verstehen, dass wir endlich wieder bei uns ankommen.

Auf diesem Hintergrund wird deutlich, wie wichtig es ist, dass wir in unserem Arbeitsleben zunächst einmal bei uns selbst ankommen: bei uns sind, unsere Befindlichkeit beim Arbeiten wahrnehmen, unsere Bedürfnisse erkennen, unsere Leiden und Sorgen erspüren und gelten lassen, damit es erst gar nicht so weit kommt. Nur wenn wir bei uns in unserer Arbeitswelt ankommen, können wir wahrnehmen, wie es uns hier geht, mit was allem wir zufrieden und glücklich sind, und was uns möglicherweise überhaupt nicht gefällt. Wer zum Beispiel das Gefühl hat, dass der Druck im Job immer größer wird, wer Angst empfindet, unter der Last bald zusammenzubrechen, und dann auch noch unter Schlaflosigkeit, Kopfschmerzen, häufiger

Migräne oder Magenproblemen leidet, sich oft niedergeschlagen und lustlos fühlt: Der hat wenigstens eine Chance, diesen Zustand bei sich wahrzunehmen, wenn er bei sich angekommen ist. Ankommen ist also immer auch ein wichtiger erster Schritt, ankommen ist unter diesem Blickwinkel auch eine prophylaktische Maßnahme. Wir sorgen gut für uns, wenn wir darauf achten, dass wir immer wieder einmal im Verlauf des Tages aus dem Modus des »Autopiloten« (siehe oben) aussteigen, aus der gedanken- und besinnungslosen Hektik und Umtriebigkeit, und bei uns ankommen. Denn dann können wir immer wieder mal überprüfen, ob noch alles in Ordnung ist, so, wie es gerade läuft. Wenn nicht, merken wir rechtzeitig, ob wir irgendwie gegensteuern müssen. Andernfalls bleibt dem Organismus nur noch die Notbremse körperlicher Symptome oder schlimmstenfalls der totale Zusammenbruch.

Beim Verlassen der Wohnung

Ganz wichtig ist die Art, wie wir einen Arbeitstag beginnen, ob wir uns hektisch und kopflos ins Getriebe stürzen; oder ob wir bei uns sind, wenn der Tag beginnt, wenn wir mit der Arbeit beginnen. Und das fängt natürlich schon beim Verlassen der Wohnung an und auf dem Weg zur Arbeit. Auch da geht es darum, immer wieder einmal anzukommen. Und bei diesen Bemühungen, immer wieder einmal anzukommen, ist die Glockenübung, die weiter oben ausführlich vorgestellt worden ist, eine wirksame Hilfe. In verkürzter und abgeänderter Form lässt sich diese Übung in allen möglichen Lebenslagen und alltäglichen Situationen und Arbeitsabläufen anwenden: Um das Ankommen zu üben und uns mit Hilfe dieser Übung vor Hektik, Stress und kopflosen Verhaltensweisen und Reaktionen jeglicher Art zu schützen, indem wir uns immer wieder besinnen und in der jeweiligen Situation ankommen.

Schwellen- oder Übergangssituationen sind besonders prädestinierte Momente für eine Glockenübung, so zum Beispiel der Moment, wenn wir uns morgens auf den Weg machen, um zur Arbeit zu gehen. Für den Anfänger mag das zunächst etwas aufwändig und umständlich erscheinen, doch mit ein bisschen Übung, wenn Sie mit ein wenig Ausdauer dranbleiben, kann so eine Übung, auf die wesentlichen Aspekte konzentriert, später dann sehr rasch vollzogen werden, und die Wirkung stellt sich unmittelbar ein. Dieses Kapitel ist dem Ankommen in unserem beruflichen Umfeld, in unserer Arbeitswelt gewidmet. Normalerweise beginnt ein Arbeitstag morgens mit dem Verlassen der Wohnung. Darum ist es sinnvoll, wenn wir jeden Arbeitstag beim Verlassen der Wohnung erst einmal mit so einer Glockenübung beginnen. Für die nachfolgende Übung und für alle hier angebotenen Übungen gilt, dass sie jeweils auf die individuellen Gegebenheiten und Umstände angepasst und abgewandelt werden können. Beginnen wir mit der Glockenübung zum Beginn eines Arbeitstages:

Glockenübung an der Schwelle

Sie sind zum Ausgehen gekleidet und werden im nächsten Moment die Wohnung verlassen. Lassen Sie sich innerlich, bevor Sie die Wohnungstüre öffnen, einen Glockenton vernehmen, beenden Sie nun den Modus des »Autopiloten« und kommen Sie wieder bei sich an – an dieser Stelle und zu dieser Stunde. Dann vergegenwärtigen Sie sich, wo Sie sich befinden, dass Sie gerade in diesem Moment im Begriff sind, die Wohnung zu verlassen, die Türe zu schließen, eventuell die Treppe nach unten zu gehen und aus dem Haus zu treten.

Nehmen Sie nun, wenn Sie sich in Bewegung gesetzt haben, Ihren Körper wahr, spüren Sie die verschiedenen Bewegungen der Beine und Füße. Nehmen Sie die Schritte wahr, die Sie machen. Vergegenwärtigen Sie sich, wie Sie gekleidet sind und wie sich das anfühlt: Ob vielleicht ein Kleidungsstück nicht ganz richtig sitzt und spannt oder zieht, weil es verrutscht ist. Ob Sie etwas in den Händen tragen: eine Tasche, eine Mappe oder den Hausschlüssel, mit dem Sie gerade dabei sind, die Wohnung abzuschließen. Nehmen Sie die momentane Gespanntheit des Körpers, der einzelnen Muskeln wahr. Sind Sie insgesamt mehr locker, oder mehr verspannt und verkrampft? Ist der Rücken noch etwas krumm oder gerade aufgerichtet? Wenden Sie Ihre Aufmerksamkeit auch Ihrem Kopf zu: Ist er aufrecht oder gebeugt; ist Ihr Blick geradeaus oder mehr zum Boden gerichtet? Wenn Ihnen jetzt jemand in die Augen schauen würde, was würde er wahrnehmen? Drückt Ihr Blick Angespanntheit und Unruhe aus oder Freundlichkeit und Wärme?

Machen Sie sich bewusst, wie Ihr Atem geht, gepresst und verkrampft oder locker und weich fließend. Ist er ruhig und tief oder mehr flach; sind Sie gar richtig atemlos, weil es gerade noch Stress gegeben hat oder weil es schon wieder so spät ist?

Vergegenwärtigen Sie sich nun auch Ihre innere Befindlichkeit, Ihre momentane Stimmung. Welche Erwartungen, Hoffnungen, Befürchtungen gehen Ihnen durchs Gemüt? Sind Sie eher freudiger Grundstimmung, oder machen Sie sich Sorgen über das, was Sie hier jetzt zurücklassen oder über das, was gleich auf Sie zukommt? Tragen Sie Wut oder Ärger mit sich herum? Oder haben Sie richtig Lust, jetzt wieder zur Arbeit zu gehen?

Wenn Sie sich dies alles vergegenwärtigt haben, kehren Sie nochmals zu Ihrem Atem zurück, um mit seiner Hilfe all das bewusst loszulassen, was Sie jetzt nicht brauchen, was Sie jetzt nur unnötig belasten würde. Indem Sie Ihre Aufmerksamkeit auf das Fließen des Atems richten, lassen Sie sich ruhig und immer ruhiger werden, mit jedem Ausatem lassen Sie eventuelle Anspannungen oder Verkrampfungen abfließen, auch Gedanken und Gefühle, die Sie hier und jetzt nicht brauchen und nicht haben wollen. Ausatmen und loslassen, loslassen und lächeln.

Das Ankommen bei sich an seinem Arbeitsplatz beginnt also bereits beim Ankommen auf dem Weg zur Arbeit, es geht diesem voraus. Jede Stunde, jede Situation ist die richtige, um anzukommen, jeder Ort ist der richtige, um anzukommen. Wer bei sich angekommen ist, arbeitet viel entspannter, bewusster, effektiver. Wer bewusst bei sich und seiner Arbeit angekommen ist, weiß, was er tut, der weiß, was zu tun ist, eines nach dem anderen. Ohne Hektik, ohne Stress. Er nimmt seine Aufgabe wahr, sieht seine eigene Arbeit auch im Gesamtzusammenhang des jeweiligen Prozessablaufs, ohne von einer Sache zur nächsten zu springen. Er kann Prioritäten setzen, weiß das Dringliche vom weniger Wichtigen und Eiligen zu unterscheiden. Schritt für Schritt. Wer an seinem Arbeitsplatz angekommen ist, nimmt auch die Arbeitsbedingungen dort wahr, der spürt beispielsweise, ob die Temperatur stimmt, oder ob mal gelüftet werden müsste. Er nimmt auch das Licht wahr und merkt, wenn es zu dunkel und zu augenschädigend ist. Er bemerkt auch, wenn das Sehen nicht mehr optimal funktioniert und er vielleicht mal wieder zum Augenarzt gehen sollte. Er spürt, ob er beim Sitzen beispielsweise eine Rückenstütze bräuchte, ob die Arbeitsunterlage in Ordnung ist, und registriert auch eventuelle Verspannungen im Rücken- oder Nackenbereich. Er hört auch auf die Geräusche um sich herum und merkt, wenn es ihm zu laut wird. Wer angekommen ist, nimmt natürlich auch das Atmosphärische seines Raumes, seiner Abteilung wahr. Er spürt, wenn gute oder schlechte Stimmung unter den Kolleginnen und Kollegen herrscht. Er spürt die Konflikte, auch die unterschwelligen. Aber er nimmt auch das Helle und die Freundlichkeit der Umgebung wahr. Die lockere Atmosphäre, wo jeder das Gefühl haben kann, dass alles o. k. ist. Und er nimmt seine eigene Entspannung wahr, die damit verbunden ist. Wer andererseits selbst ganz ruhig und locker ist, wirkt natürlich auch auf die anderen Mitarbeiterinnen und Mitarbeiter.

Das Prinzip des Ankommens gilt für jede Art von Arbeitsplatz, sei es ein Büro oder eine Werkstatt, eine Lagerhalle oder eine Arbeit im Freien. Das gilt auch für jegliche

Position innerhalb eines Unternehmens. Der Firmenleiter muss ebenso in diesem Sinne ankommen wie die Sekretärin oder der Arbeiter, der Abteilungsleiter ebenso wie der Lehrling. Es ist auch gleichgültig, ob es sich um eine mehr manuelle oder eine mehr geistige Tätigkeit handelt. Die Arbeit am PC erfordert das Ankommen genauso wie die Arbeit am Fließband. Wer innerlich angekommen ist, bevor er die Maschine anstellt, arbeitet anders als einer, der atemlos und hektisch gerade noch auf den »letzten Drücker« zur Türe reingewitscht ist und dann ganz zerstreut mit der Arbeit beginnt, weil er innerlich noch bei seinem Ärger ist über einen Kollegen, der ihm wieder einmal den Parkplatz auf dem Firmengelände weggeschnappt hat. Oder am PC: Wer in seinem Arbeitsraum und an seinem Arbeitsplatz auch innerlich angekommen ist, bevor er den PC hochfährt, fühlt sich anders und arbeitet anders als einer, der schon wieder auf dem Sprung in die nächste Sitzung ist, überlegt, ob alle Unterlagen in der Mappe sind und ob alle Zahlen nochmals überprüft worden sind.

Ankommen am Arbeitsplatz fängt also bereits auf dem Weg zur Arbeit an. Der erste Schritt des Ankommens ist immer und überall das »Hier« und das »Jetzt«. Der Weg zur Arbeit kann somit zum Übungsweg werden. Wer unterwegs zur Arbeit ist, ist noch unterwegs und noch nicht bei der Arbeit – und kann trotzdem angekommen sein. Beim Ankommen geht es um eine bewusste Lenkung der Aufmerksamkeit. Ich mache mir bewusst: »Jetzt in dieser frühen Morgenstunde trete ich in dieser Stadt, in dieser Straße vor die Haustüre, höre den Straßenlärm, nehme die Temperatur wahr, schaue mich um, sehe Menschen und Autos und Häuser und Bäume und mache mich auf meinen Weg.« Wer hingegen vom Frühstück aufsteht und mit seinen Gedanken bereits bei der Sitzung ist, die in einer Stunde in der Firma beginnen wird, und schon darüber nachsinnt, ob er wohl schlagfertige Antworten parat haben wird, wenn ein Kollege anderer Meinung sein wird, der ist weder hier noch dort, weder am Arbeitsplatz noch dort, wo er sich gerade physisch bewegt.

Auf dem Weg zur Arbeit

Der Weg zur Arbeit gestaltet sich ganz unterschiedlich. Manche können zu Fuß zur Arbeit gehen, manche mit dem Fahrrad, andere mit öffentlichen Verkehrsmitteln wie Bus, Zug oder Straßenbahn. Viele Menschen kommen mit dem eigenen Wagen zur Arbeit. Dass das Auto selbst bereits ein bevorzugter Ort ist, an dem wir ankommen sollten, liegt zunächst erst einmal eher außerhalb unseres Bewusstseins. Und doch: Da Autofahren für uns oft zu Situationen führt, in denen wir besonders ungeduldig, intolerant, hektisch und auch kopflos mit uns und anderen umgehen, eignet sich gerade auch das Autofahren besonders gut, um das Ankommen einzuüben. Wer bei sich in seinem Auto angekommen ist und in diesem wachen Bewusstsein Auto fährt, erhöht nicht nur seine Überlebenschancen im Straßenverkehr beträchtlich, er bleibt insgesamt während der ganzen Fahrt eher ruhig, locker und innerlich im Frieden. Darum hat es sich bewährt, schon vor dem Abfahren noch im Auto sitzend die Glockenübung zu machen, um sich dann beim Autofahren immer mal wieder daran zu erinnern, statt über rote Ampeln, unfähige Verkehrsteilnehmerinnen und -teilnehmer oder den trägen Verkehrsfluss zu fluchen. Das nimmt viel Druck von jedem Autofahrer, macht locker, entspannt und gut gelaunt. Und mit diesem entspannten und gelassenen Verhalten wirkt man immer auch auf die Umwelt, auf die anderen Verkehrsteilnehmer. Wenn sich zwei Verkehrsteilnehmer zulächeln, schafft das eine andere Stimmung, eine andere Atmosphäre, als wenn sie sich den Vogel oder den Stinkefinger zeigen. Diese Art des Autofahrens ist eine gute Vorbereitung für ein entspanntes Ankommen bei der Arbeit. Und was hier im Hinblick auf das Verkehrsmittel Auto ausführlich dargestellt wird, gilt in Abwandlung eben auch für alle anderen Verkehrsmittel wie Straßenbahn, Bus oder Zug.

Glockenübung am Steuer

Sie stehen vor dem Auto und sind im Begriff, einzusteigen. Lassen Sie sich innerlich einen Glockenton vernehmen – beenden Sie den Modus des Autopiloten und kommen ganz bewusst bei sich an. Dann steigen Sie ins Auto ein, setzen sich auf den Fahrersitz und nehmen sich dabei ganz bewusst wahr, wie Sie jetzt am Steuer in diesem Auto sitzen, in dieser Straße, in dieser Stadt.

Sodann wenden Sie Ihre Aufmerksamkeit Ihrem Körper zu; checken kurz, wie Sie hinterm Lenkrad sitzen, ob entspannt und aufrecht; spüren Sie das Gesäß und die Oberschenkel; sitzen Sie so bequem? Spüren Sie Ihre Beine und Füße, nehmen Sie bewusst wahr, wo die Füße stehen und die Beine. Wenden Sie dann Ihre Aufmerksamkeit Ihrem Oberkörper zu, dem Rücken-, Brust- und

Bauchbereich. Fühlen Sie eventuelle Anspannungen und lassen sie bewusst los. Und wenn Sie dann losgefahren sind: Nehmen Sie Ihre Arme und Hände wahr, wie sie das Steuer bedienen, die Gangschaltung – oder was gerade zu tun ist. Wenden Sie Ihre Aufmerksamkeit Ihrem Kopf- und Nackenbereich zu. Spüren Sie eventuelle Verspannungen und lassen sie los. Machen Sie sich bewusst, ob Ihr Kopf aufrecht auf den Schultern ruht oder vielleicht etwas gebeugt oder schräg – aus welchen Gründen auch immer. Und machen Sie sich bewusst, was sich gerade in Ihrem Gesicht abspielt: Was würden Sie sehen, wenn Sie jetzt kurz in den Rückspiegel schauen würden?

Nun wenden Sie Ihre Aufmerksamkeit Ihrem Atem zu. Drückt sich eher Unruhe und Anspannung in den Atemzügen aus, oder atmen Sie ruhig und gleichmäßig? Atmen Sie tief und strömend oder flach und hektisch? Indem Sie bei Ihrem Atem bewusst ankommen, merken Sie, wie Sie auch bei sich in der Tiefe ankommen. Ich bin da, ich bin bei mir.

Danach machen Sie sich bewusst, wie es Ihnen gerade in diesem Moment geht, wie Ihnen gerade zumute ist, was Sie empfinden, was Sie fühlen. Welche Gedanken beschäftigen Sie gerade? Lastet Ihnen etwas auf der Seele, haben Sie irgendwelchen Kummer? Tragen Sie Ängste oder Sorgen mit sich herum? Sind Sie froh gestimmt und zuversichtlich und haben Lust auf den beginnenden Tag? Freuen Sie sich auf Ihre Arbeit, auf Ihre Kolleginnen und Kollegen? Was begleitet Sie noch aus der Szenerie, die Sie gerade verlassen haben, vom Frühstück, vom Abschied in der Familie, aus den Nachrichten im Rundfunk? Beunruhigen Sie die politischen Entwicklungen gerade?

Und schließlich kommen Sie nochmals zum Atem zurück, atmen bewusst ein und bewusst aus, genießen das Einströmen der frischen Luft beim Einatmen, spüren, wie sich Ihre Brust dabei hebt und weitet, und lassen mit jedem Ausatmen Missempfindungen und Anspannungen mit abfließen. Und wie Sie so bei Ihrem Atem ankommen, wird Ihnen nochmals bewusst, wie Sie ganz bei sich angekommen sind. Und in dieser gesammelten Gegenwärtigkeit sitzen Sie nun am Steuer und fahren zu Ihrer Arbeitsstelle.

Wem es am Anfang so vorkommen mag, als sei diese Glockenübung eher eine Ablenkung als eine Hilfe, der wird mit der Zeit die Erfahrung machen können, dass sich mit einiger Übung dieser Prozess ganz simultan und in kürzester Zeit vollzieht. Es lohnt sich also, damit anzufangen und dranzubleiben. Und wenn er dann eine Weile einfach so ganz entspannt gefahren ist, wird er bald bemerken – der eine früher, der andere später –, wie er als Verkehrsteilnehmer innerlich durchgerüttelt und durchgeschüttelt wird, dass er im Nu wieder ins Schleudern kommt, außer sich gerät, nachdem er gerade so schön bei sich angekommen war. Für diese Situation am Steuer oder Fahrradlenker im Verkehrsfluss empfiehlt sich eine weitere, ganz besondere Übung, die so weit verinnerlicht werden kann, dass man sie jederzeit »abrufen« und, ebenfalls im Schnelldurchgang, simultan vollziehen kann.

Glockenübung im Straßenverkehr

Sie sitzen nun also, nachdem Sie die Glockenübung in der beschriebenen Form vollzogen haben, locker und entspannt hinterm Steuer und fahren los. Sie sind ganz bei sich angekommen und nehmen sich wahr, wie Sie in diesem Auto sitzen und fahren, in dieser Straße, in dieser Stadt, zu dieser Stunde, in dieser Jahreszeit, an diesem Wochentag. Nun werden Sie sich, indem Sie durch die Windschutzscheibe schauen, bewusst, dass Sie nur ein Verkehrsteilnehmer sind unter anderen. Einer von vielen. Hinter Ihnen und vor Ihnen sehen Sie viele andere Autos, Laster und Pkw, Fahrrad- und Motorradfahrer. Und natürlich befinden sich auch viele Fußgänger auf den Gehwegen oder an und auf den Zebrastreifen. Vielleicht sind Sie ganz allein auf der Straße oder fahren in einer dichten Autokolonne. Die Kolonne bewegt sich in einem bestimmten Tempo, das Sie kaum beeinflussen können. Es kommt Ihnen auch Verkehr entgegen. Lassen Sie sich das alles ganz bewusst wahrnehmen. Und lassen Sie sich auch die inneren Prozesse wahrnehmen, die das alles bei Ihnen auslöst. Autofahren ist oft eine sehr emotionale Angelegenheit. Man kann sich über alles Mögliche ärgern: Über jede Ampel, die immer gerade dann auf »Rot« steht, wenn Sie auf die Kreuzung zufahren. Über die lahmen Verkehrsteilnehmer, die nicht gecheckt haben, dass die Geschwindigkeitsbegrenzung längst wieder aufgehoben ist, über die eilige Dame hinter Ihnen, die so dicht auffährt, dass Ihnen angst und bange wird, und natürlich über den hirnlosen Radfah-

rer, der ohne jegliches Zeichen plötzlich nach links ausschert, sodass Sie in letzter Sekunde mit einer Vollbremsung gerade noch einen Auffahrunfall verhindern können. Und es gibt auch immer wieder Fußgänger, die bei »Rot« über die Straße gehen, wenn Sie »Grün« haben. Wie soll man denn da noch locker bleiben? Oder es regnet gerade mal wieder – und der Scheibenwischer ist nicht mehr ganz in Ordnung. Irgendwie ist die Windschutzscheibe verschmiert, was Ihre Sicht ein bisschen behindert. Und auf manchen Straßen gibt es auch unvorhersehbare Schlaglöcher, und manchmal liegen sogar Gegenstände auf der Straße. Nehmen Sie bewusst wahr, welche Emotionen das in Ihnen auslöst.

Ja, es kommen Emotionen und Gefühle hoch, und sie dürfen auch hochkommen. Ärger, Ungeduld, Frust, Wut, Hektik und Stress. Sie dürfen hochkommen – aber sie sollten auf keinen Fall unser Verhalten im Straßenverkehr bestimmen. Erinnern Sie sich immer wieder an die vorausgegangene Glockenübung, bei der Sie am Ende eingeladen sind, mit jedem Ausatem alles abfließen zu lassen, was über das reine achtsame Wahrnehmen hinausgeht, also alles, was an Frust, Ärger, Ungeduld oder Stress in Ihnen aufgekommen sein mag. All das dürfen Sie jetzt einfach loslassen, mit jedem Ausatem mehr abfließen lassen. Vielleicht gelingt es Ihnen auf diese Weise, immer wieder auch einmal mit einem Lächeln am Steuer zu sitzen.

Wer sich auf diese oder ähnliche Weise auf den Weg zur Arbeit macht und den Arbeitstag beginnt, kommt nicht so leicht aus dem Gleichgewicht, gerät nicht so rasch in Hektik und Stress.

Wenn wir in die Arbeitswelt schauen, fällt – nicht erst heute – auf, dass sie seit der Industrialisierung geprägt ist von einem rasenden Arbeitstempo und zunehmender Arbeitsverdichtung. Der Arbeitsprozess und das Produkt sind eindeutig wichtiger als die Produzierenden, als die Personen, die die Arbeit machen. Und entsprechend nehmen die Mitarbeiterinnen und Mitarbeiter auch eher das jeweilige Produkt ernst, statt sich selbst ernst zu nehmen. Der moderne Mensch bewegt sich in einem Hamsterrad der Geschäftigkeit und Umtriebigkeit. Neueren Statistiken zufolge verursachen Krankheiten und Erschöpfungszustände aufgrund von zu viel Stress heute einen höheren Arbeitsausfall als Unfälle bei der Arbeit. Fachleute gehen davon aus, dass die überwiegende Mehrheit aller Krankheiten stressbedingt ist. Die Fehltage infolge von seelischen Problemen sind seit dem Jahre 2000 um das Doppelte gestiegen. Bei einer Umfrage bei Personalverantwortlichen in Unternehmen wurde deutlich, dass jeder fünfte Beschäftigte innerlich gekündigt hätte und zuletzt bei der Arbeit gerade noch das Nötigste erledigte. Als wichtigster Auslöser für dieses verlorengegangene Engagement gelten mangelnde Wertschätzung, fehlende Mitbestimmung und ungelöste Konflikte. Vielen geht heute die Balance verloren, die Work-Life-Balance, weil sie von ihrem Arbeitsleben total vereinnahmt werden – ohne es selbst zu bemerken. Sie haben zu wenig Achtsamkeit für sich, sind nicht bei sich angekommen.

Wie wirklich ist unsere Wirklichkeit?

Der meditative Weg, der Weg der Achtsamkeit ist bei unseren Bemühungen, im Alltag anzukommen, gewiss von zentraler Bedeutung. Doch manchmal ist es sinnvoll, hilfreich und nützlich, auch ergänzende Konzepte heranzuziehen. Bei Konflikten am Arbeitsplatz bieten sich beispielsweise die bekannten und bewährten Kommunikationsmodelle an, um Schwierigkeiten besser zu verstehen und zu lösen.

Die heutige Arbeitswelt mag uns anstrengend und stressig genug erscheinen. Das allein ist es aber nicht, was vielen Menschen Probleme bereitet, was viele Menschen daran hindert, anzukommen. Ohne es zu merken, tragen sie aufgrund ihrer entsprechend destruktiv und selbstdestruktiv geprägten inneren Vorstellungen, Phantasien und Gedanken selbst auch noch ihre Portion Stressfaktoren mit dazu bei. Überspitzt gesagt leiden viele nicht unter der Wirklichkeit, wie sie ist, sondern unter der Welt, wie sie sie sich vorstellen. Sie sind nicht angekommen. Ein simples Beispiel, wie es in allen Partnerschaften vorkommt: Ein Mann kommt nach einem langen und anstrengenden Arbeitstag nach Hause und setzt sich mit noch nicht ganz entspanntem Gesicht an den Tisch zum Abendbrot. Er hat ein paar Sorgenfalten auf der Stirn. Seine Frau sieht ihn an und fragt ihn: »*Was ist jetzt schon wieder los mit dir? Was habe ich dir denn getan? Warum bist du wieder wütend auf mich?*«

Sie hat nicht die Wirklichkeit dieses Augenblicks, nicht die momentane Befindlichkeit ihres Mannes wahrgenommen, sondern hat diese auf ihre Art gedeutet und demgemäß reagiert. Noch ein Beispiel: Ein Mann bringt seiner Frau überraschend Blumen mit nach Hause. Sie bedankt sich – aber nur zögerlich, denn im Stillen überlegt sie für sich: »*Was hat er wohl wieder ausgefressen? Was will er wohl mit diesen Blumen wieder gutmachen?*« So wird eine harmlose, nette Geste negativ umgedeutet, wenn jemand nicht in der Wirklichkeit angekommen ist. Ankommen heißt darum auch, immer wieder sorgfältig darauf achten, die eigenen Vorstellungen und Befürchtungen von der realen Wirklichkeit zu unterscheiden. Das ist keine neue Einsicht. Schon der griechische Philosoph Epiktet (50–138 n. Chr.) hat diese Erkenntnis auf den Punkt gebracht, indem er sagte: »*Das Schlimme im Leben ist nicht die Wirklichkeit, sondern die Gedanken, die wir uns über sie machen.*« Das ist eine gute Nachricht, denn mögen wir auch vieles an der Wirklichkeit nicht ändern können, so steht es doch grundsätzlich in unserer Macht, auf unsere falsch oder einseitig geprägten Denkgewohnheiten stärker Einfluss zu nehmen und uns das Leben nicht noch unnötig schwerer zu machen, als es ist.

Hierzu ein Beispiel aus dem ganz normalen Arbeitsalltag:

Der Mitarbeiter einer Feinmechanik-Firma, Oskar L., kam in die Beratung wegen vielerlei psychosomatischer Beschwerden wie Kopfschmerzen, Rückenschmerzen, Herzrasen und gelegentlichen Schlafstörungen. Oskar L. ist seit 16 Jahren in der Firma. In den ersten zehn Jahren lief eigentlich alles ganz gut. Die Arbeit machte ihm Freude, er kam gerne zur Arbeit, und auch die Kollegen fand er ganz in Ordnung. Doch dann entstand aufgrund einer veränderten Marktlage innerhalb der Firma ein deutlich höherer Arbeitsdruck. Die Zahlen stimmen nicht, so hieß es, es müsse deutlich effektiver produziert werden. Und dann gab es noch ein kleines »Vorkommnis«, das ihn seitdem nicht mehr loslässt: Er war wieder einmal ein paar Minuten zu spät zur Arbeit erschienen, schlich durch den Eingangsbereich und sah weiter hinten im Flur zwei Kollegen aus seiner Abteilung beieinanderstehen. Als er an ihnen vorbei die Treppe nach oben ging, meinte er, seinen Namen gehört zu haben. Also wurde wohl über ihn geredet? Was war das wohl, was die Kollegen da über ihn zu reden hatten? Etwas Gutes? Oder sind sie mit ihm unzufrieden? Schon kürzlich gab es eine Situation, wo ihn der eine der beiden, wie es ihm schien, so seltsam angesehen hatte. Ist da etwas im Busch? Wird etwa gegen ihn intrigiert? Oskar L. kommt immer mehr ins Grübeln. Er hatte nämlich vor ungefähr einem Jahr mitbekommen, wie ein anderer Kollege richtiggehend gemobbt worden war. Auch dessen Chef hatte sich an diesem üblen Spiel beteiligt. Sie trieben es so weit, bis dieser Mitarbeiter immer öfter krankgeschrieben wurde, was das Ganze noch verschärfte. Und eines Tages wurde von der Firmenleitung mitgeteilt, dass dieser Kollege gekündigt hatte und die Firma verlassen würde. An diesen Fall musste Oskar L. denken, als er nun an seinen Arbeitsplatz ging. Er grübelte darüber nach, was die anderen wohl von ihm dachten. In diesem Moment bemerkte er, wie der Vorarbeiter der Abteilung, Lorenz K., von seinem Platz aus zu ihm herübersah. Wie es Oskar L. schien, war das ein sehr kritischer und unfreundlicher Blick, obwohl er doch laut und deutlich ein »Guten Morgen!« in die Runde gerufen hatte.

Oskar L. ist jetzt zwar, rein physisch, gerade an seinem Arbeitsplatz, aber in Wirklichkeit ist er nicht angekommen. Er »ist nicht bei der Sache«, wie es im allgemeinen Sprachgebrauch heißt. Er verstrickt sich innerlich in Vorstellungen und Diskussionen, die ihn total von dem, was eigentlich jetzt Sache ist, ablenken und ihn auf seiner inneren »Bühne« agieren lassen. Und dort geht es um alles andere als um das, was jetzt, in diesem Moment an diesem Arbeitsplatz, eigentlich zu tun wäre. »*Mache ich etwas falsch? – Was mache ich falsch? – Bin ich zu langsam? – Ist der Vorarbeiter unzufrieden mit mir? Warum schauen mich alle so komisch an?*« Und indem Oskar L. in solche Grübeleien verfällt, geschehen tatsächlich diese Dinge, von denen er eigentlich will, dass sie nicht passieren: Er wird langsamer und macht immer wieder mal Fehler, die er zum Glück noch selbst bemerkt, doch das kostet eben wieder Zeit. Es wundert uns darum nicht, dass Oskar L. solche Symptome produziert wie chronische Kopfschmerzen, Rückenschmerzen und Schlaflosigkeit.

In therapeutischen Gesprächen wurde mit Oskar L. herausgearbeitet, dass er sich mit vielen Vorstellungen und Phantasien selbst das Leben schwer macht. Er lernte Schritt für Schritt und immer klarer und deutlicher, dass seine »innere Bühne« oft gar nicht das wirkliche Leben spiegelt, das sich draußen abspielt, dass die Welt da draußen oft gar nicht so schlimm wie oder ganz anders ist als die auf seiner inneren Bühne. Es wurde ihm langsam klar, dass vieles von seinem Stress nicht die Reaktion auf faktische Begebenheiten in der Firma war, sondern Reaktionen auf Vorstellungen und Befürchtungen, die zunächst nur aus seinem eigenen Innenleben stammten. Es wurde ihm im Laufe der Zeit immer klarer, dass die Aufführungen auf seiner inneren Bühne nicht die Prozesse des real stattfindenden Arbeitslebens waren. Und er trainierte, ein Bewusstsein für diese Verwechslungen zu entwickeln, um immer rascher zu bemerken, wenn er wieder auf der inneren Bühne seiner Vorstellungen war statt im realen Leben.

Als Hilfe bei diesen Bemühungen wurde Oskar L. mit der Glockenübung vertraut gemacht. In den wöchentlichen Sitzungen wurde sie mit ihm durchgeführt, bis er immer besser in der Lage war, sie auch selbstständig bei den entsprechenden Situationen seines Arbeitslebens und den Problemen, vor die er sich dort gestellt sah, durchzuführen.

Uns allen kommen solche destruktiven »inneren Theaterstücke« wie bei Oskar L. wahrscheinlich mehr oder weniger bekannt vor: Wo wir nicht auf die reale Situation am Arbeitsplatz, sondern auf unsere inneren Vorstellungen und Zuschreibungen reagieren. Deshalb sind Sie eingeladen, anhand der nachfolgenden Beschreibung diese Übung ebenfalls zu erlernen und den Weg der Achtsamkeit einzuschlagen, wann immer Sie bemerken, dass Ihre negativen Gefühle die Regie übernehmen wollen:

Glockenübung am Arbeitsplatz

Lassen Sie sich innerlich einen Glockenton vernehmen, steigen Sie aus dem Modus des Autopiloten aus und kommen Sie bewusst bei sich in dieser Situation an Ihrem Arbeitsplatz an. Nehmen Sie wahr, wo Sie sitzen oder stehen und lassen Sie alle Erinnerungen an Ihre Erlebnisse des heutigen Morgens ruhen, lassen Sie auch alle Erinnerungen des gestrigen Tages bei der Arbeit beiseite. Machen Sie sich bewusst, dass heute nicht gestern, sondern heute ist. Jetzt ist nur jetzt; gestern existiert nicht, und morgen auch nicht. Nehmen Sie Ihre Umgebung wahr, die Kolleginnen und Kollegen – ohne sie im Einzelnen zu bewerten. Es gibt jetzt für Sie kein »Der ist super«, »Die ist aber blöde«. Nehmen Sie den Arbeitsplatz wahr, den Raum, in dem Sie arbeiten, mit all den Tischen, Regalen, Computern und sonstigen Möbeln, Geräten oder Maschinen, die eben dazugehören. Lassen Sie sich ankommen – hier – jetzt – in diesem Augenblick – in diesem Raum.

Nehmen Sie bewusst wahr, wie Sie an Ihrem Arbeitsplatz sitzen – oder stehen oder sich sonst bewegen, falls Sie keine sitzende Tätigkeit ausüben. Nehmen Sie Ihren Körper wahr. Spüren Sie, wie Sie mit Ihren Gesäßmuskeln auf dem Stuhl aufruhen, nehmen Sie wahr, ob Sie bequem sitzen oder ob Sie sich irgendwie unwohl fühlen. Sind Sie aufrecht? Nehmen sie nun auch bewusst Ihre Schultern wahr: Sind sie hochgezogen oder ganz locker und entspannt? Wie ruhen die Füße auf der Erde auf? Lassen Sie sich den Boden unter Ihren Füßen spüren. Schauen Sie, ob Sie aufrecht und bequem sitzen oder krumm und verspannt. Wie fühlt sich Ihre Nackenpartie an? Sind Ihre Hände auf der Tastatur vielleicht verkrampft oder um den Hebel der Maschine oder das Werkzeug gekrallt, das Sie gerade benutzen? Stellen Sie sich vor, es würde Sie jemand anschauen: Wie ist im Moment wohl Ihr Gesichtsausdruck? Ruhig, freundlich und zufrieden, oder angespannt, ängstlich und sorgenvoll?

Und nun wenden Sie Ihre Aufmerksamkeit bewusst Ihrem Atem zu. Atmen Sie bewusst ein und bewusst aus. Genießen Sie das Einströmen der Luft in die Lungen, und lassen Sie genussvoll die Luft wieder ausströmen. Geht Ihr Atem ruhig und tief, oder atmen Sie oberflächlich und hektisch? Spüren Sie, wie Sie mit dem Ankommen bei Ihrem Atem nochmals bei sich selbst ankommen.

Und nun richten Sie Ihre Aufmerksamkeit auf Ihre innere Befindlichkeit. Sind Sie eher heiter und fröhlich oder ängstlich, sorgenvoll oder missmutig oder gar wütend? Tragen Sie eine Unzufriedenheit, einen Ärger, einen Frust mit sich, Sorgen und die schlimmsten Befürchtungen? Oder sind Sie voller Zuversicht, Tatendrang und Neugierde? Lassen Sie sich bei Ihren Phantasien und Gedanken ankommen; was beschäftigt Sie im Moment? Ganz wichtig dabei ist, dass Sie dabei nicht hängenbleiben, sich nicht darin verstricken, sondern es anschauen, als würden Sie ein Bilderbuch betrachten. Sie schauen sich bei Ihren eigenen inneren Prozessen zu, Sie sind Zuschauer Ihres Innenlebens – und bleiben selbst auf einer Beobachter-Distanz, im oben vorgestellten und eingeübten Zeugen-Bewusstsein.

Und zum Abschluss dieser Übung kommen Sie nochmals bei Ihrem Atem an. Lassen Sie ihn ruhig und gleichmäßig strömen. Einatmen – ausatmen, und mit jedem Ausatem lassen Sie eventuelles Missbehagen, eventuellen Stress, eventuelle Verkrampfungen und Anspannungen mit abfließen. Und wenn es so weit ist, entsteht vielleicht wieder ein Lächeln auf Ihrem Gesicht.

Vernünftig miteinander kommunizieren

An vielen Arbeitsplätzen ist die Kommunikation der Mitarbeiter untereinander ein großes Problem. Wir alle kennen vergleichbare Situationen wie bei Oskar L., der sich mit seinen wirklichkeitsfernen Vorstellungen und Gedanken selbst krank gemacht hat. Er war nicht ganz in der Wirklichkeit angekommen. Seelische Störungen sind sehr oft die Folge von destruktiven Grundüberzeugungen, Selbstgesprächen und wiederholten und nachteiligen Fehleinschätzungen, in denen die Wirklichkeit falsch bewertet und verzerrt wird. Damit können sich Menschen krank machen. Und sie führen auch manchmal zu sehr beträchtlichen Störungen des mitmenschlichen Zusammenlebens. Wir alle neigen in entsprechenden Situationen dazu, aufgrund früherer Erfahrungen die Wirklichkeit stark verzerrt, voreingenommen und sehr subjektiv wahrzunehmen, irrational zu denken und uns aufzuregen über Dinge, die in keinem realen Verhältnis zu den Emotionen stehen – jeder in seinem Lebensfeld und unter seinen Bedingungen. Wir alle machen die Erfahrung, dass wir andere falsch verstanden und fehlgedeutet haben, weil wir unsere Theorien und vagen Vermutungen nicht an der Wirklichkeit überprüft haben, weil wir unsere stillschweigenden Vorurteile selbst gar nicht wahrgenommen oder sie zumindest nicht hinterfragt haben. Kurz gesagt: Weil wir also nicht in der Wirklichkeit angekommen waren, sondern uns in unseren Befürchtungen oder sonstigen Deutungen verfangen hatten. Unser Schubladendenken muss immer wieder neu überprüft und relativiert werden. Auf diesem Hintergrund kommt dem Ankommen in der tatsächlichen Wirklichkeit – auch schon lange vor dem Älterwerden – eine ganz wichtige, psychohygienische Funktion zu.

Das Beispiel von Herrn Oskar L. zeigt, wie wichtig es für jeden Einzelnen ist, bei sich und seiner Arbeit an seinem Arbeitsplatz auch tatsächlich anzukommen. Sehr vielen Menschen in sehr vielen Firmen und Verwaltungen geht es an ihren Arbeitsplätzen nicht anders. Sie kommen nicht an. Steigende Arbeitsbelastung, Krankschreibungen und Burn-out-Fälle sind darum nicht in erster Linie die Kehrseite von Fortschritt und Erfolg, sondern sind Folge einer mentalen Fehlentwicklung und Fehleinstellung des betreffenden Menschen. Selbstverständlich ist der Kampf gegen Mobbing und mangelhafte Arbeitsbedingungen deshalb nicht überflüssig oder sinnlos. Wo immer auch die Ursachen für Probleme am Arbeitsplatz liegen mögen: Das muss nicht so bleiben, daran kann jeder arbeiten. Die eigene Einstellung zur jeweiligen Lebenssituation ist jederzeit überprüfbar – und veränderbar, bis man wieder in der Wirklichkeit ankommt.

Solche Fehlwahrnehmungen von Wirklichkeit in den verschiedensten Situationen kommen insbesondere durch bestimmte irrationale, wirklichkeitsferne Grundüberzeugungen zustande, die sich jeder auf seine Art seit früher Kindheit bildet. Es lohnt sich, dies noch mehr im Detail anzusehen, weil im Grunde wir alle mehr oder weniger damit zu tun haben und solche Grundüberzeugungen pflegen:

Die Grundüberzeugung, nur dann wertvoll zu sein, wenn man in jeder Beziehung und immer tüchtig, leistungsfähig und kompetent ist.

Die Grundüberzeugung, dass bestimmte Menschen von Natur aus schlecht, verdorben und böse sind.

Die Grundüberzeugung, dass alles schlimm und fürchterlich ist, wenn es nicht genau so läuft, wie man es gerne hätte.

Die Grundüberzeugung, dass menschliches Leid auf der Welt eine Tatsache ist, die man halt hinnehmen muss, weil man doch nichts daran ändern kann.

Die Grundüberzeugung, dass es besser ist, Schwierigkeiten und Konflikten aus dem Weg zu gehen, als sich ihnen zu stellen.

Die Grundüberzeugung, dass das jetzige Leben eh durch die Vergangenheit bestimmt wird und man darum nichts in seinem Leben ändern kann.

Ankommen in der Wirklichkeit, weg-kommen von den falschen Grundüberzeugungen, eigenen Fehlwahrnehmungen und Missdeutungen von Wirklichkeit ist bleibende Aufgabe, ein lebenslanges Training für uns alle. In der Psychologie und Psychotherapie hat sich besonders die REVT (Rational-Emotive Verhaltenstherapie) bewährt, um den Klienten zu helfen, wieder auf dem Boden der Tatsachen anzukommen, statt sich das Leben mit falschen Grundüberzeugungen und Fehldeutungen unnötig schwer zu machen. Dieses Modell lässt sich auch im normalen Alltag von jedem Laien ohne fachliche Hilfe einsetzen und nutzbar machen. Darum soll es hier als Hilfe für Leserinnen und Leser vorgestellt und erläutert werden.

Zur Veranschaulichung des Konzepts werden in Therapiesitzungen gelegentlich Geschichten erzählt. Zum Beispiel diese: Eine Frau will einen Kuchen backen. Sie stellt bei sich in der Küche zunächst einmal alle nötigen Zutaten zusammen, bemerkt dann aber, dass ihr noch ein Ei fehlt. Wegen eines einzigen Eies will sie nicht nochmals in den Supermarkt gehen und entschließt sich darum, die Nachbarin von nebenan um ein Ei zu bitten, das sie ihr dann am nächsten Tag wieder zurückgeben wird. Also macht sie sich auf den Weg zu ihrer Nachbarin. Doch unterwegs kommen ihr Zweifel. Was, wenn die Frau ihr kein Ei geben will? Gerade heute früh war sie schon so komisch, als sich die beiden vor dem Haus begegnet waren. Vielleicht war sie ja nur in Eile. Aber vielleicht auch nicht. Hat die vielleicht etwas gegen mich? Was hat die bloß gegen mich? Ich bin doch der friedlichste Mensch. Was bildet die sich eigentlich ein? Denkt die etwa, sie sei etwas Besseres? Umgekehrt, wenn die von mir ein Ei borgen wollte, würde ich ihr ohne zu zögern eines schenken. Wieso die nicht? Wie kann sie mir eine so lächerliche Bitte abschlagen? Menschen mit so einer Einstellung sind doch eigentlich untragbar! Glaubt die denn, ich bin auf sie angewiesen? Keineswegs! Ich finde auch eine andere Lösung! Inzwischen ist sie vor der Türe der Nachbarin angekommen und hat geklingelt. Als die Frau freundlich die Türe öffnet, schreit sie ihr entgegen: »Behalten Sie doch Ihre blöden Eier! Von Ihnen brauche ich überhaupt nichts, schon gar keine Eier!« Spricht's und macht vor der verdutzten Nachbarin auf dem Absatz kehrt.

Was war geschehen? Solche Geschichten halten uns einen Spiegel vor. Jeder, der mag, kann hineinschauen und darin etwas über sich selbst erkennen. Diese Frau in der Geschichte hatte sich auf dem Hintergrund ihrer eigenen Grundannahmen eine quälende Wirklichkeit konstruiert, sich richtig hineingesteigert und sich entsprechend destruktiv verhalten.

Der amerikanische Psychologe und Psychotherapeut Paul Watzlawick ist in seinem Buch *Wie wirklich ist die Wirklichkeit?* den Hintergründen solcher Diskrepanzen zwischen wirklicher Wirklichkeit und wahrgenommener Wirklichkeit nachgegangen. Und sein Kollege Albert Ellis, der ungefähr zur gleichen Zeit gelebt hat, hat mit der bereits oben erwähnten Rational-Emotiven Verhaltenstherapie ein Handwerkszeug entwickelt, mit Hilfe dessen jeder sich selbst auf die Schliche kommen und sein eigenes Denken, Fühlen und Verhalten überprüfen kann: das sogenannte ABCDE-Modell. Der therapeutische Nutzen besteht dann darin, eine vom Patienten als quälend empfundene Wirklichkeitsdeutung durch eine andere, nicht mehr psychisch pathogene Wirklichkeitsdeutung zu ersetzen.

Wir haben **(A)** ein auslösendes Vorkommnis. Das wird von uns **(B)** bewertet – entweder rational und stimmig oder irrational, unlogisch. Aufgrund dieser Bewertung reagieren wir und lassen Konsequenzen **(C)** folgen, die entweder realistisch und zielförderlich sind oder eben dysfunktional, ungesund und irrational. In einem dritten Schritt **(D)** können wir uns den Prozessablauf nochmals kritisch bewusst machen, überprüfen und uns überlegen, ob wir vielleicht doch anders bewerten und handeln könnten oder gar sollten. Und wenn alles gut läuft, kommen wir dann im nächsten Schritt **(E)** zu einer kognitiven Umstrukturierung und einer Veränderung unseres Fühlens und Verhaltens.

Auch dieses Modell kann jeder mit einiger Übung alltagstauglich machen und für sich und sein Ankommen im realen Leben nutzen.

Das soll nun mit einem weiteren Beispiel konkretisiert und verdeutlicht werden. Elvira O. ist Lehrerin an einer Grundschule. Sie kommt in die Beratung wegen anhaltender Schlafprobleme und vor allem auch wegen Schwierigkeiten mit Männern. Ihr letzter fester Freund, mit dem sie fünfeinhalb Jahre zusammen war, hat die Beziehung endgültig beendet. Elvira sieht das aber überhaupt nicht ein und möchte das keinesfalls akzeptieren. Sie macht sich immer noch Hoffnungen und geht Bruno P., so heißt ihr Ex, ziemlich auf die Nerven, indem sie ihn zu allen möglichen Tages- und Nachtzeiten anruft. Darüber hinaus sucht sie auch immer wieder Plätze und Lokale auf, wo sie ihn zu treffen hofft und immer mal wieder auch trifft. Das macht die Situation aber nur noch verfahrener. Zusammen gewohnt haben die beiden zwar noch nie, aber das macht die Sache für sie nicht einfacher. Wenn es nach ihr gegangen wäre, hätten sie längst eine gemeinsame Wohnung. Bruno will nichts mehr von ihr wissen. Er hat sie zum Schluss immer wieder auf das Übelste beschimpft – und trotzdem kann sie nicht von ihm lassen, weil sie ja auch wunderschöne Zeiten miteinander hatten. Ausgangspunkt für das jetzige Desaster waren zunächst sexuelle Schwierigkeiten – wie sie eigentlich in jeder Beziehung einmal vorkommen können. Er hatte bei ihr oft Orgasmus-Schwierigkeiten. Damit hatte er selbst eigentlich keine Probleme, doch Elvira machte wohl jedes Mal ein solches Drama daraus, dass es bei solchen Gelegenheiten häufig zu Streit und Auseinandersetzungen kam. Irgendwann hat er sie bei so einem Anlass auf das Übelste beschimpft – und dann war Schluss. Für Bruno, nicht für Elvira. Nachdem sie ungefähr ein halbes Jahr lang versucht hat, Bruno umzustimmen, ihn zurückzugewinnen, und er immer abgeblockt hat, kommt sie wegen Schlafstörungen in die Beratung.

Nach den ersten Sitzungen ist bald klar, dass Elvira noch immer nicht in der realen Wirklichkeit angekommen ist, sondern sich immer noch in ihrer Wunschwelt aufhält und diese für wirklich hält – trotz der vielen »Ohrfeigen«, die sie sich bei Bruno schon abgeholt hat. Sie ist zwar zutiefst unglücklich, ist aber zugleich hartnäckig und hat die Hoffnung auf Bruno nicht aufgegeben.

In den Therapie- und Beratungsgesprächen wird mit Hilfe des ABCDE-Modells für die Klientin nachvollziehbar herausgearbeitet, was die Tatsachen sind und dass es für sie besser wäre, wenn sie auf dem Boden der Tatsachen ankommen würde. Sie lernt mit Hilfe dieses Modells, Schritt für Schritt in der Wirklichkeit anzukommen.

A: Die Situation ist, wie sie ist.

B: Ihre Art, wie sie das Reden und Verhalten anderer wahrnimmt, ist irrational, unlogisch.

C: Sie hätte die Möglichkeit, aus einer rationalen Erkenntnis eine rationale Entscheidung zu ziehen; doch sie entscheidet sich für eine wirklichkeitsferne Bewertung des Geschehens und verhält sich irrational.

D: Hier ist die Stelle, wo A, B und C von einer rationalen Position aus überprüft werden. In therapeutischen Gesprächen ist hier der Platz zur Geburtshilfe für eine rationale Erkenntnis und Einsicht des Klienten. Er selbst kann es mit Hilfe des Therapeuten besser nachvollziehen: Was ist tatsächlich geschehen? Wie habe ich bisher darauf reagiert (irrational)? Was wäre stattdessen die logische, der Wirklichkeit angemessene Reaktion?

E: Nun ist, wenn der Prozess bis hierhin rational und wirklichkeitsbezogen verlaufen ist, die Möglichkeit zur Umstrukturierung der kognitiven Prozesse. Das Denken kann nun der Wirklichkeit angepasst werden, und auf der Handlungsebene sind neue Perspektiven und Entscheidungen möglich.

Aus dem Blickwinkel von Elvira, in ihrem inneren Selbstgespräch könnte das dann ungefähr so ablaufen:

A: Bruno hat mir immer, immer wieder gesagt, dass von seiner Seite aus Schluss ist.

B: Ich habe mir trotzdem immer noch Hoffnungen gemacht, dass ich ihn vielleicht doch noch rum kriege. Ich muss nur dranbleiben und lange genug Geduld mit ihm haben. Einerseits war mir schon ganz klar, dass das keinen Sinn mehr hat. Andererseits hatte ich immer noch den inneren Impuls, nicht aufzugeben.

C: Ich sehe gewissermaßen zwei Elviras in mir, die miteinander im Widerstreit liegen. Die eine sagt klar: Such' dir einen anderen, Mädel! Kapier's endlich! Und die andere sagt: Die Hoffnung stirbt zuletzt. Ich muss nur dranbleiben, das wird schon wieder.

D: Nun erkennt Elvira, dass sie in der Lage ist, sich ihres Verstandes zu bedienen, zwei und zwei zusammenzählen kann. Sie schaltet ihre heftigen Emotionen zwar nicht ab, doch ist sie nun bereit, entschieden ihrer klaren, rationalen Erkenntnis zu folgen: Nein heißt nein. Langsam sollte mir klar werden, was Sache ist. Ich würde zwar gerne, doch ich sehe jetzt ein, dass es einfach keinen Sinn mehr hat.

E: Auch wenn es mir schwerfällt, ich werde noch ein bisschen leiden müssen, aber dann werde ich es hinter mir haben. Ich werde jetzt wieder mehr zum Sport und in den Chor gehen. Da habe ich genügend Ablenkung, und außerdem trifft man dort ja auch immer mal wieder ganz attraktive Typen.

Es war für Elvira noch ein harter Weg. Die Einsicht war rein kognitiv relativ rasch von ihr vollzogen, aber es ist ihr unendlich schwer gefallen, daraus auch den als richtig erkannten Entschluss zu ziehen, keinerlei Kontakt mehr zu Bruno zu suchen, nach neuen Kontakten Ausschau zu halten und diesen Entschluss dann auch in die Tat umzusetzen. Sich auch neue Gestaltungsmöglichkeiten für die Freizeit zu überlegen. Eingesehen hatte sie es relativ früh, doch brauchte es noch viel Anstrengung, diese Erkenntnis auch in die Tat umzusetzen, und es gab auch viele »Rückfälle«, bis sie schließlich dann doch soweit war. Dieses Beispiel zeigt, dass das Ankommen in der Wirklichkeit nicht immer leicht ist.

Die Gegenwart des Ganz Anderen

Ankommen auf dem Boden der Tatsachen ist ein wichtiger Schritt ins Leben, den es immer wieder zu vollziehen und gegebenenfalls auch zu justieren gilt. Immer wieder gibt es Situationen, die uns mal mehr, mal weniger von der Spur abbringen. Das verlangt von uns stete Wachsamkeit und kostet immer wieder Mühe und Anstrengung. Auch Achtsamkeit, dass wir uns nicht in unseren festgelegten Annahmen und Vorstellungen von der Welt verstricken. Psychologische Konzepte und Modelle sind mitunter sehr wichtig und hilfreich, die zwischenmenschlichen, interaktiven Prozesse optimal zu gestalten.

Das ist das eine. Und bei all diesen Bemühungen, Kämpfen und Anstrengungen, die oft unsere ganze Aufmerksamkeit beanspruchen, sollten wir trotzdem immer wieder mal auch unseren Blick von dieser Oberfläche weg in Richtung jener tieferen Wirklichkeit wenden, für die wir keinen Namen haben. Auch an unserem Arbeitsplatz, in unserer Arbeitswelt dürfen und können wir uns immer wieder einmal bewusst machen, dass wir jeweils nur Teil eines größeren Prozesses, einer großen Wirklichkeit sind, die sich vollzieht; dass wir also eingebettet sind in ein größeres Geschehen. Die Welt vollzieht sich, und wir tragen unseren Teil dazu bei, sind selber Teil von diesem Größeren. In der Wirklichkeit ankommen heißt, auch am Arbeitsplatz, immer wieder sich der Einheit mit diesem Großen Ganzen bewusst zu werden, in Kontakt zu kommen mit unserer Quelle, mit dem namenlosen Geheimnis unseres Ursprungs. Das heißt, unser Alltagsbewusstsein immer wieder einmal zu durchbrechen und diesen Switch ins Zeugen-Bewusstsein zu vollziehen, wie er im ersten Kapitel beschrieben worden ist. Falls wir die morgendliche Meditation regelmäßig praktizieren, können wir uns im Verlauf eines Tages immer wieder einmal kurz erinnern an die dort erfahrene Stille – und an die Stille hinter der Stille. Mit solchen tagtäglichen Tiefenerfahrungen können wir dann auch ganz gelassen jener Lebensphase entgegensehen, in der es dann eines Tages Zeit wird, dort im letzten Geheimnis anzukommen.

Ankommen – in Beziehung und Partnerschaft

Verliebt sein alleine reicht nicht!

Ankommen bei dir. Bei Paaren, die nach langen Jahren des Suchens und Wartens sich entschieden haben und endlich zusammengezogen sind, breitet sich normalerweise ein tiefes und befriedigendes Gefühl des Angekommenseins aus. Jeder bringt ja auch seine Vorgeschichte mit, in der es schon andere Partner gegeben hat. Vielleicht haben Sie bereits einige Versuche hinter sich, eine verbindliche Partnerschaft mit einem geeigneten Partner zu bilden, eine Familie zu gründen und Kinder zu kriegen, doch nie hat es so richtig gepasst. Und jetzt endlich ist »der Richtige«, »die Richtige« da. Ein tiefes Gefühl des Beieinander-Angekommenseins kann sich dann ausbreiten. Sie treffen sich so häufig wie nur irgend möglich. Aber immer wieder muss Trennung sein, wenn jeder seiner Arbeit nachgeht und sich in seiner gewohnten Lebenswelt bewegt. Die Partner spüren deutlich und auch schmerzhaft, dass noch etwas fehlt, um wirklich angekommen zu sein. Doch eines Tages ist es so weit. Die Partner haben – jeder auf seine Weise und an seinem Platz –

darauf hingearbeitet, sich danach gesehnt und den Tag herbeigewünscht, an dem sie auch in der gemeinsamen Wohnung, dem gemeinsamen Haus beieinander sind. Und nun sind sie angekommen beieinander. Angekommen im Land ihrer langjährigen Sehnsucht. Auch heute noch oft nach außen für Familie, Verwandtschaft und die ganze Gesellschaft sichtbar dokumentiert durch die Eheschließung.

Doch bald, nach einer gewissen Zeit des Eingewöhnens, breitet sich der Alltag aus. Und schon in den ersten Wochen des Zusammenlebens wird sichtbar und spürbar, dass sie auch angekommen sind in der realen Welt der Alltäglichkeiten und des partnerschaftlichen Zusammenlebens. Und das ist eben nicht nur eitel Freude und Sonnenschein. Dann heißt es, Abschied zu nehmen von lebensfremden Träumen und Visionen eines Liebesparadieses. Jeder muss einen Teil seiner bisherigen Lebensgewohnheiten aufgeben, die nun nicht mehr in die neue Lebensform passen. Den Partnern wird von Neuem bewusst, dass es eine dauerhafte und lebenslange Aufgabe ist, beieinander anzukommen. Jeder hat ja seine Eigenheiten und seine Gewohnheiten, die erst jetzt richtig zum Vorschein kommen, wenn man auf engem Raum beieinander ist. Ihnen wird bewusst, dass es damit noch längst nicht getan ist, wenn man zusammen gezogen ist, auch nicht, wenn man verheiratet ist. Da fängt es eigentlich erst richtig an. Bewusst gelebte Partnerschaft braucht Pflege. Sonst besteht die Gefahr, dass bald nach dem Zusammenziehen die Ernüchterung folgt. Heutzutage wird etwas mehr als jede dritte Ehe wieder geschieden. Die durchschnittliche Dauer einer Ehe beträgt ungefähr 14 Jahre. Viele Ehen werden bereits nach sechs Jahren geschieden. Bekannt ist die Rede vom »verflixten siebten Jahr«. Da ist etwas dran, auch wenn es nicht zwingend für jedes Paar

Gültigkeit hat. Natürlich gibt es auch Ehen, die 50 Jahre und länger Bestand haben, doch der Trend ist eindeutig rückläufig. Das hehre Postulat: »Bis dass der Tod euch scheidet«, bleibt oft ein frommer Wunsch. Wenn ein Paar zusammenlebt, bedeutet das noch lange nicht, dass sie auch wirklich beieinander angekommen sind. Es gibt unendlich viele Möglichkeiten, sich auszuweichen und einander aus dem Weg zu gehen. Das kann einerseits unbewusst »beabsichtigt« sein, andererseits ist die Alltagsstruktur oft so, dass, wenn beide berufstätig oder in unterschiedlichen Ehrenämtern aktiv sind, relativ wenig Berührungspunkte und Zeiten des Zusammenseins gegeben sind. Es gibt viele Formen des Zusammenlebens, bei denen die Partner eben doch nicht wirklich beieinander angekommen sind.

Ankommen in einer lebendigen Partnerschaft ist das Ziel, immer wieder. Und das ist eine sehr komplexe Aufgabe, vor allem, weil die richtige Balance gefunden werden muss innerhalb der Polarität von gemeinsam und einsam. Jeder Partner braucht nämlich beides: ausreichend Freiraum für sich selbst; aber eben auch genügend Raum des Zusammenseins und der gemeinsamen Aktivitäten. Darum ist es mit dem Gefühl, den richtigen Partner gefunden zu haben, nicht getan. Die Partner müssen immer wieder auch bei sich selbst ankommen, jeder bei sich. Ankommen beim Partner, aber auch ankommen bei mir. Entscheidend ist, die richtige Balance zu finden. Eine Partnerschaft, in der beide nur zusammenglucken, wird auf Dauer nicht gut gehen. Jeder der Partner benötigt seinen eigenen Freiraum, der eine mehr, der andere weniger. Ich muss bei mir angekommen sein, um zu ergründen, wie viel Zeit und Spielraum ich für mich brauche, damit es mir gut geht. Und ich muss auch bei mir angekommen sein, um zu spüren, wie viel Zeit und

Raum ich für das Zusammenleben mit meinem Partner benötige, ich muss selbst herausfinden, wie es für mich stimmt. Und weil das bei meinem Partner durchaus anders sein kann, müssen wir uns darüber austauschen und gegebenenfalls auch verhandeln und Vereinbarungen treffen. Nur dann können beide zufrieden sein. Nur dann sind wir als Paar in unserer Partnerschaft angekommen. Sonst sind vielfältige Konflikte vorprogrammiert.

Da sind beispielsweise Fabian D. und Evelin S.: Sie wohnen seit über 20 Jahren zusammen, nachdem sie sich auf einer gemeinsamen Pilgerreise kennen gelernt hatten. Sie haben viele gemeinsame Hobbys und singen auch gemeinsam in einem Kirchenchor mit. Auch in der Flüchtlingshilfe sind beide aktiv. Evelin ist Vertriebsfachfrau in einer ausländischen Firma und dadurch viel unterwegs; im Moment hat sie in einer italienischen Firma gerade ein großes Projekt angestoßen, das sie sehr stark beansprucht und ihr kaum Spielraum für ihren Mann und ihr gemeinsames Privatleben lässt. Doch sie ist gut motiviert und voll Eifer bei dieser Sache. Von ihrem Partner wünscht sie sich im Stillen, dass er ihr mehr den Rücken freihält. Das ist nicht so einfach, denn auch Fabian ist voll berufstätig: Er arbeitet in gehobener Position als Disponent in der Textilindustrie und kann sich seine Arbeitszeit theoretisch frei einteilen, weil er auch immer mal wieder im Homeoffice arbeiten kann. Auf der beruflichen Ebene sind beide angekommen. Die beiden lieben sich, das ist deutlich spürbar. Auf der Paarebene sind sie auch angekommen. Aber es kommt trotzdem immer wieder zu heftigen Streitereien. Eine typische Szene ist, wenn Evelin abends nach Hause kommt und dann – wie Fabian es darstellt – hysterisch rumschreit, wenn das Geschirr vom Frühstück noch rumsteht oder Schmutzwäsche von ihm in der ganzen Wohnung verstreut herumliegt.

Wie bei vielen Paaren haben wir auch bei Fabian und Evelin diese »kritische Zone«, wenn nach einem langen Arbeitstag einer der Partner nach Hause kommt und der andere schon da ist. Wir kennen das auch von anderen Paaren, dass es in dieser Situation zu Streit kommen kann, weil die Erwartungen und Bedürfnisse oft recht unterschiedlich sind. Weil beide tagsüber in ganz verschiedenen Welten gelebt haben. Der eine hatte tagsüber viele Kontakte und überwiegend mit Menschen zu tun; er hat nun ein großes Bedürfnis nach Ruhe. Der andere saß den ganzen Tag fast nur am Computer oder hatte mit Maschinen zu tun. Er möchte jetzt mal endlich wieder mit einem Menschen reden, er braucht Austausch und Kontakt. Der eine ist von der Arbeit ganz erschöpft, will sich hinsetzen und ausruhen, während der andere sich bewegen und endlich auspowern will. Da ist Zündstoff drin. Und in jeder Familie, in jeder Partnerschaft ist diese Situation wieder ein bisschen anders. Doch wenn es gelingt, die Stunden des Feierabends und Ankommens gut zu gestalten, ist ein schöner Feierabend gewährleistet. Doch solche »kritischen Zeitzonen« muss man kennen, bewusst in den Blick nehmen und sinnvoll gestalten, eventuell mit Hilfe eines einfachen Rituals. Wir haben für solche Feierabend-Situationen Ankommens-Rituale, die sehr wirksam sind, wenn sie konsequent durchgeführt werden. Für viele Partner ist es sehr anstrengend, wenn sie abends müde nach Hause kommen und dann gleich in Beschlag genommen und »zugelabert« oder »ausgefragt« werden. Die meisten brauchen an dieser Stelle erst einmal richtig Ruhe. Im Vorfeld muss das natürlich untereinander abgestimmt und sichergestellt werden, dass beide Partner hierbei mitziehen. Wenn das gegeben ist, verläuft das Ritual folgendermaßen:

Ankommens-Ritual zum Feierabend

Sie kommen von der Arbeit, haben den Heimweg hinter sich und stehen nun vor der Türe Ihres Hauses oder Ihrer Wohnung. Bevor Sie nun den Schlüssel ins Schlüsselloch stecken und die Wohnungstüre öffnen, halten Sie kurz inne: Spüren Sie, wie Sie mit beiden Füßen auf der Erde stehen. Nehmen Sie Ihren Atem wahr. Vielleicht mussten Sie eine Treppe hochsteigen und müssen nun erst einmal verschnaufen. Nehmen Sie Ihre momentanen körperlichen Anspannungen und Verspannungen wahr und lassen schrittweise locker. Mit jedem Ausatem lassen Sie restliche Spannungen abfließen.

Nehmen Sie Ihre Umgebung wahr: Welche Geräusche sind zu hören, ist es noch hell oder schon dunkel? Ist Lärm zu hören: Kinderlachen, Musik, Straßenverkehr, Kinderweinen, Nachbarschaftsstreitereien? Welche Gerüche nehmen Sie wahr? Einfach nur wahrnehmen, ohne zu bewerten; ohne sich über etwas aufzuregen. Dasein – einatmen – ausatmen.

Geben Sie sich die Chance, schon an dieser Stelle runterzukommen und im Hier und Jetzt anzukommen. Verfolgen Sie zunächst einmal keine Gedanken, in denen es darum geht, was Sie gleich noch einkaufen müssen, oder welches Chaos in Küche oder Kinderzimmer Sie gleich vorfinden werden. Einfach nur dastehen und atmen, locker und entspannt.

Wenn Sie dann in die Wohnung eingetreten sind, nehmen Sie sich – nach einer kurzen Begrüßung – eine Viertelstunde Auszeit, um auch tatsächlich anzukommen. Wichtig ist allerdings, dass das schon im Vorfeld mit dem Partner oder der Partnerin vereinbart worden ist. Dann gibt es auf dieser Ebene keinen Erklärungsbedarf. Suchen Sie Ihren ruhigen Ort auf, und setzen Sie sich. Sie haben nun eine Viertelstunde Zeit, um hier anzukommen. Wie geht es Ihnen jetzt in diesem Moment? Sie können sich auf einen Stuhl setzen oder aufs Bett oder aufs Sofa legen. Vorerst kein Fernsehen und kein Radio und auch keine Zeitung. Egal, ob Sie sitzen oder liegen: Kommen Sie einfach nur an. Nehmen Sie Ihre Gedanken und Ihre Gefühle wahr; aber verstricken Sie sich nicht darin. Nehmen Sie die Rolle des neutralen Betrachters ein, den Sie ja in der Basisübung (S. 28) bereits kennengelernt haben. Es mag Ihnen in diesem Moment vieles durch den Kopf gehen. Nehmen Sie all dies einfach wahr, als würden Sie Wolken betrachten, die am Himmel vorüberziehen. Sie sind nicht die Wolken, Sie sind der weite Himmel. Und so verfahren Sie auch mit Ihren Gefühlen. Lassen Sie sich spüren, wie gut es Ihnen tut, ein wenig auf Distanz zu gehen. Und genießen Sie diese Viertelstunde des Ankommens bei sich selbst. – Und wenn Sie dann das Gefühl haben, dass Sie bei sich und zu Hause angekommen sind, verlassen Sie Ihren Rückzugsort und begeben sich dorthin, wo eventuell der Partner/die Partnerin und die Kinder schon auf Sie warten.

Von vielen Klientinnen und Klienten war zu hören, dass sie genau dieses Bedürfnis in sich verspüren, wenn sie von der Arbeit nach Hause kommen: Erst einmal noch ein bisschen für sich zu sein. Da sie nicht wissen, wie sie dies in der Partnerschaft und in der Familie kommunizieren können, verschwinden viele erst einmal aufs Klo. – Doch es gibt gemütlichere Orte, um bei sich anzukommen.

Ich bin ich und du bist du

Nachdem Fabian und Evelin diese Übung nur 14 Tage lang vollzogen hatten, ging es ihnen bereits deutlich besser. Zu den vorher typischen Ankommens-Streitereien kam es kaum noch. Doch was sich für Fabian und Evelin als hilfreich herausgestellt hat, ist nicht unbedingt Maßstab für alle Paare. Menschen, Paare sind verschieden, und es gibt auch Paare, bei denen keiner der beiden die Auszeit beim Heimkommen braucht, bei denen es viel wichtiger ist, dass sie sich erst einmal in den Arm nehmen und sich dann zehn Minuten an den Küchentisch oder im Wohnzimmer zusammensetzen. Um solche Wünsche und Befindlichkeiten herauszukriegen, müssen sich die Partner kennenlernen. Viele Konflikte entstehen aus Unkenntnis. Man glaubt, einander zu kennen, und hat keine Ahnung davon, wie wenig man sich wirklich kennt.

Und wie können Partner nun herausbekommen, wie sie ticken, wie sie wirklich sind? Der bekannte Psychotherapeut Michael Lukas Moeller hat auf dem Hintergrund seiner langjährigen Arbeit mit Paaren ein ganz simples, aber sehr wirksames Verfahren entwickelt, bei dem sich die Partner gegenseitig ein »Selbst-Portrait« geben. Normalerweise glaubt in einer Paarbeziehung der eine den anderen zu kennen. In Wirklichkeit gehen aber viel Mutmaßungen, Phantasien und Unterstellungen in die partnerschaftlichen Prozesse ein. Es gibt Untersuchungen, aus denen hervorgeht, dass deutsche Paare über persönliche, wesentliche Dinge pro Tag nicht mehr als zwei Minuten miteinander reden. Kein Wunder also, dass man sich so wenig kennt. Um diesen Missstand zu beheben, hat Michael Lukas Moeller eine besondere Form der Selbstmitteilung entwickelt.

In entsprechenden Kursen wird oft zur Verdeutlichung dieser Verhaltensmechanismen die Geschichte von einem Paar erzählt, bei dem der Mann, wenn beim Frühstück ein neuer Laib Brot anzuschneiden war, sich immer den Anschnitt auf sein Frühstücksbrettchen gelegt und der Partnerin die zweite Scheibe gereicht hat. Er dachte, dass seine Partnerin lieber eine schön weiche Schnitte bekommen würde als den etwas harten Anschnitt. Sie bemerkte, dass dies von ihrem Partner lieb gemeint war, und schwieg darum eine ganze Weile. Doch irgendwann fand sie den Mut, die Bitte auszusprechen, dass sie auch einmal gerne den Anschnitt kriegen würde. Und jetzt erst wurde offenkundig, dass dieser Mann zwar aus bester und liebevoller Absicht gehandelt hat, aber eben ohne Kenntnis der tatsächlichen Realitäten. Und erst jetzt konnten die beiden eine neue Vereinbarung treffen: Einmal bekommst du den Anschnitt, und das nächste Mal bekomme ich ihn.

Beispiele dieser Art gibt es tausendfach. Das Konzept, das Moeller entwickelt hat, nannte er »Zwiegespräch«. Paare, die das Zwiegespräch in diesem Sinne regelmäßig halten, bringen sich gegenseitig in die Lage, besser bei sich als Paar anzukommen. Wie das im Einzelnen funktioniert, wird in folgender Übung klar und für jedes Paar nachvollziehbar.

Anleitung für das Zwiegespräch

Jede Woche bestimmen Sie einen Zeitpunkt und einen Ort, an den Sie sich miteinander zurückziehen können. Sorgen Sie dafür, dass es keine Störung gibt. Stellen Sie auch das Telefon ab. Das Treffen sollte nicht kürzer als 60 Minuten und nicht länger als 90 Minuten dauern.

Im Wechsel erzählt jeder von sich, wie es ihm gerade geht, was ihn zur Zeit bewegt. Worüber er sich freut, was ihm Sorgen, Ärger oder Stress macht. Jeder spricht nur über sich und das, was gerade mit ihm los ist.

Sehr wichtig ist, dass die Redeanteile insgesamt einigermaßen gleich verteilt sind. Wenn der eine überwiegend nur redet und der andere überwiegend nur schweigt und zuhört, entsteht eine Schieflage, die sich ungünstig auswirkt.

Nehmen Sie nicht direkt Bezug darauf, was der andere sagt. Nicht nachfragen, nicht kommentieren; auch Ratschläge wären hier fehl am Platz. Wenn einer spricht, schweigt der andere – und umgekehrt. Wenn einer mal nichts zu sagen hat, ist er einfach still. Es macht überhaupt nichts, wenn auch einmal Momente der Stille entstehen.

Jeder entscheidet frei für sich, was er von sich zeigen will. Es besteht kein Offenbarungszwang. Es gibt kein anderes Thema innerhalb des Zwiegesprächs als das eigene Erleben.

Also keinerlei Interpretationen, Unterstellungen oder Vorwürfe. Keiner hat, wenn er redet, in der Welt des andern etwas zu suchen. Hier ist nicht der Platz für Diskussionen, es geht um die reine Selbstoffenbarung ohne Kritik und ohne Zwang.

Erfahrungsgemäß trägt das Zwiegespräch am besten zur Harmonie zwischen Paaren bei, wenn es regelmäßig praktiziert wird. Nehmen Sie sich also regelmäßig Zeit dafür, am besten einmal in der Woche.

Wenn es schwierig wird

Das Zwiegespräch ist eine Hilfe, um im ganz normalen Alltagstrott der Beziehung mehr Tiefe und Lebendigkeit zu geben, um den Partnern zu helfen, immer wieder beieinander anzukommen. Unabhängig davon, ob es den beiden gerade gut oder schlecht miteinander geht. Das Zwiegespräch wird wöchentlich einmal durchgeführt, auch wenn es aktuell keine besonderen Probleme oder Konflikte gibt. Trotzdem kommen Paare normalerweise immer wieder auch mal in Situationen, wo es knallt, wo einer versetzt wurde, wo es Frust, Ärger und auch richtigen Streit gibt. Da kann das Zwiegespräch alleine keine Abhilfe schaffen, keine Lösung herbeiführen.

Günther (59) und Roswita (61) kommen in die Paarberatung, weil es immer wieder Streit gibt. Die beiden sind jetzt seit vier Jahren fest zusammen, nachdem beide bereits eine gescheiterte Ehe hinter sich haben. Sie leben aber immer noch getrennt. Mal leben die beiden eine Woche in seiner Wohnung, mal eine Woche in ihrer Wohnung, und es gibt auch Wochen, in denen jeder alleine bei sich wohnt. Roswita wünscht sich langsam mehr Verbindlichkeit aufs Alter hin, kann sich auch gut vorstellen, mit Günther in eine gemeinsame Wohnung zu ziehen. Sie möchte nicht alleine alt werden. Eine gemeinsame Wohnung kann sich Günther zwar auch gut vorstellen, doch nach den Erfahrungen in seiner gescheiterten Ehe fühlt er sich ein bisschen als gebranntes Kind und ist in diesem Punkt sehr zögerlich. Deshalb würde es ihm besser gefallen, wenn er und Roswita trotz ihrer Beziehung dauerhaft in zwei verschiedenen Wohnungen leben würden, denn er hängt auch sehr an seiner Freiheit. Die beiden lieben sich, das ist deutlich zu sehen und zu spüren; und trotzdem haben sie – von ihren unterschiedlichen Vorstellungen in Hinblick auf das Wohnen einmal abgesehen – auch in anderen Situationen immer wieder einmal ganz unterschiedliche Bedürfnisse. So etwas ist überhaupt nicht ungewöhnlich, das geht allen Paaren so. Das Problem sind nämlich nicht die unterschiedlichen Bedürfnisse, sondern die Art und Weise, wie diese kommuniziert werden und wie damit umgegangen wird. Oft läuft das über Vorwürfe, Anschuldigungen und Verallgemeinerungen. »Nie hilfst du mir beim Abwasch in der Küche, wenn wir in meiner Wohnung sind. Immer muss ich alles alleine machen.« – »Nie kommst du zum vereinbarten Zeitpunkt; immer muss ich auf dich warten.« – »Immer kommst du so spät ins Bett, wenn ich schon schlafe, sodass wir keine Zärtlichkeiten, keinen Sex mehr zusammen haben können.«

Auf diese Art werden keine Probleme gelöst. Roswita scheint ziemlich schlecht gelaunt, als die beiden in der Beratungsstelle ankommen. Wie sich herausstellt, haben sie auf dem Weg in die Paarberatung wieder gestritten. Und wieder einmal ging es um ihre verschiedenen Bedürfnisse: Sie will ihn mehr bei sich haben, öfter und über längere Zeiten. Er hingegen legt großen Wert auf seinen Freiheits-Spielraum. Ein ganz konkreter Grund für ihre schlechte Laune ist die Situation in der Frühe beim Aufstehen: Sie haben die Nacht gemeinsam in Roswitas Wohnung verbracht. Roswita steht normalerweise eineinhalb Stunden früher auf als Günther, weil sie früher zur Arbeit muss. Bevor sie aufsteht, hat sie immer ein großes Bedürfnis, kurz mit Günther zu kuscheln. An diesem Morgen war es wieder das Gleiche. Sie wacht auf und möchte gerne noch fünf

Minuten mit Günther kuscheln. Nur fünf Minuten, dann kann er weiterschlafen. Er muss ja erst eineinhalb Stunden nach Roswita aufstehen, das ist ihr schon bewusst. Roswita versucht, Günther in den Arm zu nehmen, doch der dreht sich schläfrig weg. Er denkt in diesem Moment nur an Schlaf und Ruhe – sonst nichts. Das machte Roswita sauer und wütend.

Wie sich in den Beratungsgesprächen herausstellt, wäre es auch für Günther völlig in Ordnung, ein paar Minuten mit Roswita zu kuscheln und dann wieder weiterzuschlafen. Doch er hat die Vorstellung, dass dieses kurze Kuscheln ausufern könnte und dass dann an ein Weiterschlafen für ihn nicht mehr zu denken wäre. Und bei Roswita löst diese Abwehr Vorstellungen und Befürchtungen aus, dass Günther sie nicht mehr attraktiv findet und sich nach und nach von ihr buchstäblich wegdreht – nicht nur im Bett. Beide Partner haben verschiedene Bedürfnisse. Doch das ist gar nicht das Problem. Das eigentliche Problem ist, dass sie nicht oder nur destruktiv über ihre Bedürfnisse kommunizieren.

Wenn Paare beieinander ankommen wollen, ist es wichtig, dass sie sich gegenseitig öffnen, sich zeigen, sich vor allem auch in ihrer unterschiedlichen Bedürftigkeit zeigen, und zwar vorwurfsfrei, auf eine sozial verträgliche Weise. Es kommt immer wieder vor, dass man sich seiner Wünsche und Bedürfnisse schämt. Viele erleben das als Schwäche und halten darum eher zurück mit ihren Bedürfnissen. Doch das ist der falsche Weg. Viele haben auch das Gefühl, ihre Bedürfnisse schon hundertmal mitgeteilt zu haben. Gerade in einer langen Ehe oder Beziehung, so meint man oft, müsste man doch eigentlich bestens aufeinander eingespielt sein und der Partner die eigenen Bedürfnisse bereits kennen. Meistens ist das aber nicht der Fall: Ja, vielleicht hat man sich mitgeteilt, aber nur in Form von Gejammer und Vorwürfen. Und das wirkt – gerade auf die Dauer – fast immer kontraproduktiv und verursacht beim Partner/der Partnerin im schlimmsten Fall eine unterbewusste »Trotzhaltung«.

Der international bekannte amerikanische Psychotherapeut und Konfliktmediator, Marshall B. Rosenberg, hat in seiner Praxis erfahren, dass solch destruktives Kommunikationsverhalten praktisch flächendeckend verbreitet ist. Er hat auch erkannt, dass es immer mehr oder weniger um die gleichen Fehler geht. Andererseits hat er aber auch die Erfahrung gemacht, dass sich konstruktives kommunikatives Verhalten problemlos vermitteln und lernen lässt. Er hat darum ein einfaches Konzept entwickelt, das weltweit als GFK bekannt und verbreitet worden ist. GFK steht für Gewaltfreie Kommunikation. Diese Form des konstruktiven, einfühlsamen Umgangs miteinander schafft die Voraussetzungen dafür, dass Menschen konfliktfreier kommunizieren und sich beieinander wohler fühlen. Es ist eine Win-win-Strategie ohne Verlierer. Paare, die sich mit diesem Konzept vertraut gemacht haben und es regelmäßig praktizieren, haben gute Chancen, immer besser bei sich und beieinander anzukommen. Das Modell vollzieht sich in vier Schritten:

Die vier Schritte der Gewaltfreien Kommunikation

Die vier Schritte der Gewaltfreien Kommunikation können Sie in vielen Situationen anwenden, in denen Sie sich durch das Verhalten Ihres Partners/Ihrer Partnerin gekränkt fühlen:

Erster Schritt: *Beschreiben Sie einen Sachverhalt, ein Ereignis, eine Begebenheit, die Ihnen auf der Seele liegt. Ganz neutral, ganz ohne Bewertung. Nennen Sie wirklich nur die Fakten.*

Zweiter Schritt: *Offenbaren Sie sich mit Ihren Gefühlen, teilen Sie mit, wie es Ihnen ging, wie Sie sich in dieser Situation gefühlt haben.*

Dritter Schritt: *Lenken Sie nun den Blick auf Ihre zugrundeliegenden Wünsche und Bedürfnisse. Legen Sie offen, was ihnen generell wichtig ist, was Sie sich ganz allgemein wünschen.*

Vierter Schritt: *Und darauf aufbauend äußern Sie jetzt eine Bitte; die sollte möglichst konkret und machbar sein; achten Sie dabei darauf, dass Sie die Bitte positiv formulieren. Damit eröffnen Sie eine Perspektive für ähnliche Situationen, wenn sich diese künftig ergeben sollten.*

Nach einer kurzen Einweisung in dieses Modell haben Roswita und Günther es gleich einmal auf die im obigen Beispiel beschriebene Situation nach dem Aufwachen angewendet. Roswita ist es gelungen, neutral und beobachtend und ganz ohne Vorwürfe diese vier Schritte zu vollziehen. Und das sah dann so aus:

Beobachtung: Heute Morgen, als mein Wecker gegangen ist, habe ich versucht, dich in den Arm zu nehmen, bevor ich aufstehe. Du hast dich weggedreht.
Gefühl: Daraufhin wurde ich traurig, und ich hatte das Gefühl, dass du von mir nichts wissen willst, dass du mich nicht mehr liebst.
Bedürfnis: Vor allem vor dem Aufstehen und bevor ich aus dem Haus gehe, habe ich ein großes Bedürfnis nach Körperkontakt und Zärtlichkeit – wenigstens ganz kurz.
Bitte: Meine Bitte an dich ist, dass du es morgens, wenn ich aufstehen muss, zulässt und mitmachst, dass wir fünf Minuten zusammen kuscheln.

Und wie sich dann zeigte, hatte Günther mit dieser so vorgebrachten Bitte überhaupt kein Problem. Bei diesem Beispiel ist sichtbar geworden, dass Rosenbergs Form der Kommunikation doch besser »Einfühlsame Kommunikation« genannt wird, wie es inzwischen üblich ist. Wenn Wünsche und Bedürfnisse als Vorwürfe und Anklagen geäußert werden, ist die Wahrscheinlichkeit groß, dass der andere »zumacht«, innerlich in Deckung geht und blockt. Roswita jedoch war es gelungen, ihren Frust und ihre Wut hintanzustellen und sich auf diese Kommunikationsform einzustellen. So hatte Günther die Möglichkeit, sich wiederum in Roswita einzufühlen und auf ihre Wünsche zu reagieren. Die beiden waren wieder ein Stück näher beieinander angekommen. Und zur nächsten Beratungsstunde kamen sie gutgelaunt und im Frieden miteinander. Beieinander ankommen in der Partnerschaft bedeutet, offen und empathisch miteinander umzugehen. Normalerweise sind Menschen eher bemüht, den anderen von der Richtigkeit des eigenen Standpunktes zu überzeugen. Da geht es dann nur um Tatsachen, die – so denkt man jedenfalls –, jeder einsehen müsste. Und es wird argumentiert und diskutiert und bewiesen. Doch die Beteiligten kommen in dieser Kommunikationsform überhaupt nicht vor, ihre Gefühle und Bedürfnisse bleiben gerade auch in ihrer Unterschiedlichkeit im Verborgenen.

Zehn Regeln für ein gelungenes Paar-Gespräch

Ankommen in einer glücklichen Partnerschaft ist weder reiner Zufall noch Vorherbestimmung, wie man früher annahm. Die Kunst, konfliktfrei miteinander zu sprechen, ist in jeder Partnerschaft die Basis für gelingendes Miteinander. Denn alles Reden nützt nichts, wenn man aneinander vorbeiredet und dann solche Gespräche immer wieder in Brüllerei und Streiterei ausarten. Das eben vorgestellte GFK-Modell hat sich in vielen Partnerschaften als Hilfsmittel sehr bewährt. Ein weiteres, ebenfalls sehr bewährtes Konzept ist das EPL (Ein partnerschaftliches Lernprogramm). Das ist ein auf wissenschaftlicher Basis entwickeltes Kommunikationsmodell, das die beiden Psychologen und Paartherapeuten Joachim Engl und Franz Thurmaier zu einem praktikablen Kurs ausgearbeitet und aufbereitet haben. Im Kern geht es um die Regeln, die ein Paar einhalten sollte, wenn es miteinander spricht. Dabei gibt es fünf Regeln für den, der spricht, und ebenso fünf Regeln für den, der gerade zuhört.

Ankommen in der Sprecherrolle

***Öffnen Sie sich**: Als Sprecher sollten Sie sich öffnen und beschreiben, was in Ihnen vorgeht, und vor allem, welche Gefühle Sie dabei haben. Anklage und Vorwürfe lassen sich vermeiden, wenn jeder seine Gefühle und Bedürfnisse direkt äußert: »Ich komme total in Stress, wenn wir erst auf den letzten Drücker zum Bahnhof gehen. Mir wäre es viel lieber, wenn wir fünf Minuten früher gehen könnten.«*

***Verwenden Sie Ich-Sätze**: Sprechen Sie von Ihren eigenen Gedanken und Gefühlen. Kennzeichen dafür sind die Ich-Sätze. Alle Aussagen werden dadurch persönlicher. Äußerungen, die nur auf den anderen gerichtet sind (Du-Sätze), kommen meist als Vorwürfe oder Anklagen daher, die als Auslöser für Gegenangriffe oder Rechtfertigungen wirken. »Das stimmt doch überhaupt nicht, was du sagst. Meinetwegen sind wir jedenfalls noch nie zu spät gekommen.«*

***Sprechen Sie konkrete Situationen an**: Verallgemeinerungen stimmen in der Regel nicht und fordern Widerspruch heraus. Doch über ganz konkrete Vorkommnisse und Situationen lässt sich sprechen. »Als wir gestern Abend spazieren gegangen sind, hat es mich sehr gestört, dass du immer zwei Schritte hintendran geblieben bist.« Statt: »Immer, wenn wir spazieren gehen, gibt es Ärger, weil du wie eine lahme Ente hinterherschlurfst.« Das führt zu einer Diskussion über die schlechten Charaktereigenschaften des Partners und lenkt vom eigentlichen Inhalt der konkreten Situation und der Problemlösung ab. Sätze mit »immer, nie, alles, nichts« sind tunlichst zu vermeiden.*

***Sprechen Sie ein konkretes Verhalten an**: Achten Sie darauf, dass Sie von konkretem Verhalten in konkreten Situationen sprechen. Dadurch vermeiden Sie, dass Sie Ihrem Partner/Ihrer Partnerin negative Eigenschaften zuschreiben. Nicht: »Du bist einfach ein rücksichtsloser Ellenbogen-Mensch ohne jegliche Sensibilität!« Sondern: »Durch die Bemerkung, ich sei eine Heulsuse, habe ich mich abgewertet gefühlt.« Die Unterstellung negativer Eigenschaften ruft Widerspruch hervor. Solche Äußerungen sind zum Beispiel »typisch«, »unfähig«, »langweilig«, »nie aktiv«. Wenn Sie konkretes Verhalten benennen, ermöglichen Sie Ihrem Partner/Ihrer Partnerin, dass er/sie Ihre Aussagen besser nachvollziehen kann.*

***Bleiben Sie beim Thema**: Bleiben sie immer im Hier und Jetzt. Bei Rückblenden auf die Vergangenheit läuft das Gespräch Gefahr, völlig vom eigentlichen Thema abzuweichen. »Schon als ich dich* *das erste Mal an der Maschine sitzen sah, habe ich mich gefragt, ob das wohl gut gehen wird, weil du dich damals schon so ungeschickt angestellt hast.« Die Chancen, dass ein konkretes Problem gelöst wird, sinken durch solche Bemerkungen drastisch.*

Genauso wie für den Sprecher gibt es natürlich auch für den Zuhörer bestimmte Regeln, die die Wahrscheinlichkeit für ein friedliches, konstruktives Gespräch erhöhen:

Ankommen in der Zuhörerrolle

***Hören Sie aufmerksam zu:** Zeigen Sie dem Sprecher mit unterstützenden Gesten wie Nicken oder einem gelegentlich eingeworfenen »Hmm«, »Aha«, dass Sie ihm zuhören und Interesse an seinen Äußerungen haben. Wichtig ist außer dem Blickkontakt auch eine dem Sprecher zugewandte Körperhaltung. Ermutigungen, doch weiterzusprechen – zum Beispiel »Ich würde hierüber gerne noch mehr hören!« –, bestärken den anderen und ermutigen ihn, weiterzuerzählen.*

***Fassen Sie zusammen:** Fassen Sie in Ihren eigenen Worten die wesentlichen Äußerungen des Sprechers zusammen, um deutlich zu machen, dass Sie ihn verstanden haben. »Wenn ich dich richtig verstehe, hättest du gerne, dass wir abends öfter gemeinsam etwas* *unternehmen.« Wer mit solchen Äußerungen dem anderen ein erleichtertes »Ja genau!« entlockt, darf sicher sein, dass er auf dem rechten Weg ist.*

***Offene Fragen**: Wenn Sie nicht ganz sicher sind, was der Sprechende empfindet, können Sie gezielt danach fragen: »Ich verstehe nicht ganz, warum dich ausgerechnet diese Bemerkung von mir so tief gekränkt hat.« Vermeiden Sie bei dieser Gelegenheit vorschnelle Interpretationen oder Zuschreibungen wie: »Das liegt an deiner Unsicherheit!« Fragen Sie eher behutsam nach: »Hast du dich vielleicht angegriffen gefühlt?« Dann kann der andere zustimmen oder ablehnen. Andernfalls muss er sich verteidigen.*

***Geben Sie eine positive Rückmeldung**: Anerkennen Sie die offenen und verständlichen Äußerungen des Sprechenden und verstärken (loben) Sie diese, damit er sich ermutigt fühlt. Dies kann zum Beispiel so geschehen: »Es freut mich sehr, dass du mir das so klar und offen gesagt hast.« »Ich bin sehr erleichtert darüber, dass du ein so heikles Thema so offen ansprichst.«*

***Geben Sie Rückmeldung zu Ihren eigenen Gefühlen**: Es gibt Situationen, in denen es nicht möglich ist, mit Verständnis auf den Sprecher zu reagieren, etwa weil Sie dessen Äußerungen sehr aufgebracht haben. In einem solchen Fall werden unfruchtbare Diskussionen am ehesten vermieden, wenn Sie als Zuhörer direkt Ihre Gefühle zurückmelden: »Ich bin völlig verblüfft, dass du das* *so siehst.« – »Wenn du so laut auf mich einredest, krieg ich es mit der Angst, und ich merke, dass ich dichtmache, was ich eigentlich gar nicht will.«*

Es gibt noch eine Reihe weiterer Kommunikationsmodelle, die alle das Ziel haben, Paare in ihrem Zusammenleben zu unterstützen und sie vor destruktiven Kommunikationsformen zu schützen. Manchmal ist es aber auch sinnvoll und nötig, sich fachliche Hilfe von außen zu holen. Viel Porzellan wird unnötigerweise zerschlagen, obwohl die Partner sich »eigentlich« lieben. Partnerschaftliches Zusammenleben ist ein sehr komplexes Geschehen. Viele Paartherapeuten empfehlen scherzhaft so etwas wie einen »Führerschein für Paare«. Diese Idee ist keineswegs aus der Luft gegriffen. Bevor sich Verkehrsteilnehmer auf die Straßen begeben dürfen, müssen sie nachweisen, dass sie in der Lage sind, sich so zu verhalten und zu bewegen, dass sie weder andere noch sich selbst schädigen. Sie sollen zuvor zeigen, dass sie die Regeln des Straßenverkehrs beherrschen. Es macht Sinn, auch das nicht weniger komplexe Geschehen einer Partnerschaft zu erlernen. Es gibt ja auch zahlreiche Vorbereitungskurse, wie EPL ja auch einer ist. Dann ist die Chance größer, dass Paare besser beieinander ankommen.

Gescheiterte Ankünfte

Bekanntlich bleibt es bei einem Teil der Paare nicht dabei, in dieser Weise beieinander angekommen zu sein. Bei vielen Paaren gehen die Wege nach kürzerer oder längerer Zeit wieder auseinander. Die Trennungs- und Scheidungsquote schwankt von Jahr zu Jahr, bewegt sich aber mehr oder weniger konstant im Bereich von 30 Prozent. Das bedeutet, dass heute wie schon seit vielen Jahren ungefähr jede dritte Ehe wieder geschieden wird. Sogar nach 25 und mehr Ehejahren kommt es nicht selten vor, dass sich Paare wieder trennen. Die Statistik weist bei diesen Paaren immerhin noch 10 Prozent aus. Der Scheidung geht oft eine Zeit der Trennung voraus. Trennung und Scheidung können erst nach Jahrzehnten vollzogen werden, doch sie können auch bereits nach kurzer Dauer erfolgen.

Harald und Alexandra, beide in gehobener Position im IT-Bereich tätig, waren ein Paar, das nach einer dreijährigen Beziehungsphase, in der sie zum Schluss auch schon in einer gemeinsamen Wohnung wohnten, eine riesige Hochzeit gefeiert hat. Es war ein beeindruckendes und sehr aufwändiges Fest in einem vornehmen Hotel in einem Münchner Vorort. Sehr viele, auch prominente Gäste waren geladen. Auch der Pfarrer hat seinen Segen in einer Kirche dazugegeben, und alle glaubten, dass dies wirklich ein Bund fürs Leben sein würde. Ich fiel aus allen Wolken, als bereits nach einem halben Jahr die Frau weinend in die Beratungsstunde kam, weil ihr Noch-Mann bereits mit einer anderen zusammen war. Beide Partner hatten immer mal wieder längere Dienstreisen zu machen, und auf einer dieser Dienstreisen war Harald einer anderen Frau begegnet, von der er derart fasziniert war, dass er sogleich und bleibend das Gefühl hatte, dass dies die Frau fürs Leben sei. Er war – nach knapp einem Jahr ehelicher Verbindung – schon wieder woanders angekommen. Wir sehen, dass selbst ein Ankommen, das zunächst als endgültiges Ankommen gedacht war, nach einer gewissen Zeit wieder zu Ende gehen kann – und es folgt ein neues Ankommen.

Und wenn sich so ein Paar dann nach einer gewissen Zeit wieder trennt, gibt es nicht nur für den, der eine neue Beziehung eingeht, auch ein neues Ankommen. Alexandra musste ebenfalls in ihrer neuen Realität ankommen als alleinerziehende berufstätige Frau. Aber auch hier wieder Schritt für Schritt. Sie darf und sollte sich eine gewisse Zeit der Trauer und Niedergeschlagenheit gönnen – auch der Wut und Aggressionen gegen ihren »treulosen« Mann von einst. Aber sie sollte auch erkennen, wann die Zeit des Haderns, der Verzweiflung und Niedergeschlagenheit vorbei ist und sie den tränenverschleierten Blick zurück beenden kann. Dann wird sie offen für das, was nun Neues vor ihr liegt. Wir erleben immer wieder Menschen, Männer wie Frauen gleichermaßen, die sich in ihren Schmerz, ihre Enttäuschung, in Wut und Depressionen richtiggehend verbeißen und auch nach langer Zeit immer noch nicht bereit sind, sich auf ein neues Lebenskonzept einzustellen. Und damit schädigen sie vor allem auch sich selbst.

Viel Unsicherheit, viel Bewegung, auch viel Ratlosigkeit breitet sich in dieser Situation aus. Es ist eine typische Zeit des Übergangs. Wichtig ist, dass wir das in dieser Situation erkennen und uns darauf einstellen: Ankommen in der Zeit des Übergangs, für die der berühmte Psychiater und Begründer der Logotherapie, Viktor E. Frankl, das Motto vorgegeben hat: »*Glückliche Zeiten, sei nicht traurig, dass sie vorüber, freu dich, dass sie gewesen.*« In vielen therapeutischen Gesprächen lernte Alexandra, das Geschehene nach und nach zu verstehen und vor allem auch ihren eigenen Anteil daran zu erkennen. Das brachte sie in ihrer persönlichen Entwicklung weiter. Und, falls sie sich noch einmal dazu entschließen sollte, hätte sie für eine eventuelle neue Partnerschaft etwas Wichtiges dazugelernt. So lernte sie Schritt für Schritt, das Vergangene loszulassen und wieder ganz in der Gegenwart anzukommen. Und das bedeutet, sich über Herausforderungen und auch Sinnmomente der neuen Situation klar zu werden.

Im Laufe eines langen Lebens gibt es viele Entwicklungen und Konstellationen, Wege, Abwege, Irrwege – und die vielfältigsten neuen Anfänge, auch im fortgeschrittenen Alter. Wir finden in dieser Altersgruppe Paare, die schon in dritter Ehe zusammen sind – und sich dann noch einmal trennen. Doch gibt es immer wieder auch Paare, die 30 oder 50 Jahre zusammen sind und sich glücklich fühlen – wie Philemon und Baucis, die eben beieinander angekommen sind.

Besonders hart trifft eine Trennung Menschen, die sich in späten Jahren doch noch einmal verliebt haben, wenn schon niemand – auch sie selbst – mehr so recht daran geglaubt hat. Ist ein solches »spätes Glück« nicht auf Dauer, ist das eine schlimme Erfahrung für die Betroffenen. Doch auch hier und hier ganz besonders gilt die Devise, dass der Blick auf das neue Ankommen zu richten ist – wie auch immer das aussehen mag. Das lässt sich nur durch die Offenheit des Blicks und des Herzens erfahren.

Eine Unterstützung, um nach einem solchen Ereignis wieder in der neuen Gegenwart anzukommen, können

Abschieds-Rituale sein. So etwas kann man, wenn das noch möglich ist, gemeinsam mit dem Noch-Partner, aber auch alleine vollziehen.

Trennungs-Ritual

Ich bin traurig, wütend, enttäuscht darüber, dass wir uns trennen, dass unsere Beziehung jetzt auseinandergeht. Ich werde noch eine Weile mit diesen Gefühlen zu tun haben, doch dann werde ich mich wieder dem Leben ganz zuwenden. Ich werde in dieser neuen Situation ganz ankommen.

Ich fühle Dank in mir für das, was gewesen ist: Für das, was wir zusammen hatten, und für das, was ich an dir hatte.

Ich bin mir bewusst und anerkenne, dass jeder von uns seinen Anteil an dieser Entwicklung zu tragen hat. Du hast mich verletzt; und ich habe dich verletzt. Ich sehe meinen Anteil und nehme ihn mit Bedauern an mich. Ich sehe deinen Anteil und lasse ihn bei dir, ohne Hass, ohne Groll.

Ich werde diese Zeit mit dir immer in meinem Herzen bewahren als eine wichtige Zeit in meinem Leben.

Ich werde noch eine gewisse Zeit brauchen, doch dann lasse ich dich ganz los und lasse dich ganz frei. Und – auch wenn es noch weh tut – ich wünsche dir ein gutes Leben in einer neuen Zukunft, ohne mich.

Und nun lasse ich einen neuen Lebensabschnitt für mich beginnen. Ich bin bereit, in einem neuen Leben anzukommen.

Öffnen für die Wirklichkeit des Ganz Anderen

In der Wirklichkeit als Paar anzukommen ist ein faszinierender, aber auch anspruchsvoller, immer wieder ebenso beglückender wie leidvoller Prozess. Bei all diesen Höhen und Tiefen kann es mitunter eine tragende Hilfe sein, wenn man sich immer wieder einmal daran erinnert, dass auch unser Leben und unser Prozess als Paar Teil eines größeren Geschehens ist, in das wir eingebettet sind.

In jenem antiken Mythos von Philemon und Baucis, der im letzten Kapitel zur Sprache kommt, halten Götter Einkehr bei einem sich liebenden Paar. Und aus der christlichen Tradition ist uns fest im Bewusstsein: »*Ubi caritas et amor deus ibi est.*« (»Wo die Liebe und die Güte ist, da ist Gott.«)

Das muss nicht nur ein frommer Spruch für den Sonntag sein. Dieses Bewusstsein kann immer wieder auch einmal in den ganz profanen Prozessen des Alltags aufblitzen. Und es ist hilfreich, tröstlich und geradezu beflügelnd, wenn wir uns dann und wann bewusst machen, dass unsere Liebe – meine Liebe zu dir und deine Liebe zu mir –, dass diese Liebe Teil jener großen, allumfassenden Liebe ist und dass unsere Liebe getragen und eingebettet ist in die große Liebe, die das All durchweht, in die göttliche Liebe. Es wird uns leichter sein, in diesem liebenden Urgrund anzukommen, wenn es schlussendlich im Alter Zeit wird, anzukommen. Es ist dann keine uns völlig unbekannte und fremde Erfahrung mehr. Wir haben, wie der Hirte in der zu Anfang zitierten Geschichte, immer wieder einmal über den Fluss geschaut.

Ankommen – in der Familie und bei den Kindern

Mit Kindern wachsen

Wenn es Zeit wird, anzukommen, wenn wir älter und älter werden, ist die Familienphase irgendwann abgeschlossen: Die Kinder sind erwachsen und in der Regel aus dem Haus und stehen auf eigenen Füßen. Wir sind vielleicht Oma und Opa geworden und unversehens in einem ganz neuen Leben angekommen. Auch in dieser Phase gilt es erneut, sich auf das Ankommen zu besinnen.

Es wäre jedoch ein verhängnisvoller Irrtum, zu glauben, dass wir dann erst ankommen können, wenn die vorausgehende Familienzeit abgeschlossen ist. Mag sein, dass sich dann die äußeren Lebensumstände im Hinblick auf das Ankommen im Augenblick etwas günstiger gestalten. Doch Thema und Aufgabe ist es auch schon längst all die Jahre davor, und wir haben es dann später wesentlich leichter, wenn dieses Ankommen im Sein, dieses Ankommen im Hier und Jetzt nichts Neues mehr für uns ist. Wer bereits in den Jahrzehnten des vorausgegangenen Lebens immer wieder die tiefe Erfahrung gemacht hat, angekommen und mit jenem namenlosen Geheimnis in Verbindung zu sein, wer immer wieder einmal die Stille hinter der Stille vernommen hat, der kann auch ganz entspannt und in tiefer Seelenruhe älter und alt werden. Jeder hat die Möglichkeit, anzukommen, wo auch immer er gerade im Leben steht. Die Freiheit, alle Lebensphasen, Gegebenheiten, Stationen und Prozesse zu einem Weg des Ankommens zu gestalten, dabei immer wieder einmal zum anderen Ufer hinüberzuschauen wie der Hirte in der Erzählung.

In Gesprächen und Kursen ist immer wieder zu beobachten, wie Teilnehmerinnen und Teilnehmer die tief verwurzelte Einstellung haben, dass die Stille, die tiefere Ruhe, das Meditative, eben das Ankommen erst später dran sei. Darum möchte ich dieser Thematik ein eigenes Kapitel widmen und darstellen, wie das funktionieren kann und wie das Ankommen gerade auch bereits in der aktiven Familienphase geübt werden kann und sollte.

Das beginnt idealerweise bereits im Kindesalter. Eltern können mit ihren Kindern üben, anzukommen. Dabei können Eltern sogar von ihren Kindern lernen. Kinder haben eine ganz natürliche Anlage, einfach nur da zu sein und sich im gegenwärtigen Augenblick zu verlieren. Wenn man sie denn lässt. Man muss nur einmal einem Kind beim Spielen zuschauen, wie es so ganz vertieft ist und buchstäblich Zeit und Raum vergisst und nur da ist. So ein Kind ist ganz im gegenwärtigen Augenblick angekommen. Doch das Problem sind oft die Eltern. Ein verträumtes Kind – damit haben viele Eltern Schwierigkeiten, denn es müssen ja viel wichtigere Dinge erledigt werden. Die Hausaufgaben sind zu machen, und zwar sollten sie ordentlich und vollständig gemacht sein, damit es keinen Ärger in der Schule gibt. Der Kampf um einen der vorderen Plätze in der Gesellschaft beginnt schon in der Grundschule, da darf nichts verträumt werden. Die Helikopter-Mütter sorgen dafür, dass keine Zeit vertrödelt wird. Nach den Hausaufgaben muss noch Klavierspielen geübt werden, später ist Fußball oder Flötenunterricht. Manche Kinder brauchen auch Nachhilfe in Mathe oder Englisch, dann sind diverse Verabredungen mit Spielkameraden getroffen und müssen pünktlich eingehalten werden, außerdem gibt es auch noch häusliche Pflichten zu erfüllen, wie das Zimmer aufzuräumen oder den Käfig des Meerschweinchens zu säubern.

Kinderpsychologen beobachten schon seit einiger Zeit mit zunehmender Sorge ein sprunghaftes Ansteigen von Störungsbildern und Verhaltensauffälligkeiten, die frappierende Ähnlichkeiten mit den typischen Managerkrankheiten aufweisen. Von vielen Kindern wird heute zu früh zu viel verlangt. Viele Kinder sind von all den Aufgaben und Terminen gänzlich überfordert, fühlen sich nur noch angetrieben und unter Druck gesetzt und reagieren mit entsprechenden »Störungen« wie Schlaflosigkeit, Bauchweh, Schulversagen, um sich dadurch gegen den zu großen Druck zu wehren. Die radikale Überbewertung von intellektuellen Arbeits- und Leistungskriterien hat zu einer bedenklichen Vernachlässigung der Seelenkräfte und der Persönlichkeitsentwicklung geführt. Kinder haben Bedürfnisse jenseits der herrschenden Nützlichkeitserwägungen. Diese gehen an elementaren und lebenswichtigen Bedürfnissen der Kinder vorbei. Kinderpsychologen weisen immer wieder darauf hin, wie wichtig es für die gesunde Entwicklung der Kinder ist, dass sie auch unverplante Freiräume zur Verfügung haben, Zeit zum Spielen, zum zweckfreien Lesen, Zeit für Märchen und Träume, Zeit zum Trödeln und scheinbarem Nichtstun, einfach nur Zeit zum

Ankommen. Doch sind für die meisten Eltern »Inaktivität«, »Langeweile«, »Faulheit« leider nur abwertende Begriffe für Verhaltensweisen, die in Wirklichkeit Freiräume eröffnen für die kreative, persönliche Entfaltung des Kindes.

Wenn hingegen Eltern ganz in ihrer Elternrolle und beim Kind angekommen sind, dann schaffen sie die Voraussetzung dafür, dass ihre Kinder immer wieder auch mal ganz bei sich ankommen. Dazu gehört vor allem, das Kind in seiner *ganzheitlichen* Entwicklung wahrzunehmen und ernst zu nehmen und schulische und gesellschaftliche Zwangsstrukturen nicht unbesehen zu übernehmen. Immer wieder sollten Kindern auch Freiräume eingeräumt werden, in denen sie aufatmen und die Seele baumeln lassen können, ihren Träumen und Fantasien folgen dürfen, ohne dass der nächste Termin Druck macht.

Alle Eltern wollen bekanntlich nur das Beste für Ihr Kind. Sie möchten alles recht machen und sehen doch manchmal vor lauter Bäumen den Wald nicht mehr. Weil sie nicht angekommen sind bei ihrer Wirklichkeit als Eltern und der Wirklichkeit ihres Kindes. Eltern haben das Gefühl, dass Erziehen sehr schwierig geworden ist, und konsumieren darum viele Elternratgeber. Sie möchten es recht machen, doch es gibt so vieles, an das man denken muss: Fallen, in die man treten kann, und Fragen, die nicht so leicht zu beantworten sind. Und dann sehen sie die unendlich vielen Erziehungsratgeber, die die verschiedensten Dinge als unumstößliche Wahrheit nahelegen. Kein Wunder, dass viele Eltern verwirrt, rat- und mutlos werden und wenig Hoffnung haben, gute Eltern zu werden, wenn sie krampfhaft darum bemüht sind, möglichst keine Fehler zu machen, damit die Kleinen gut aufwachsen und glückliche Menschen werden.

Doch wenn Eltern erst einmal wieder bei sich und den Kindern angekommen sind, haben sie die Chance, sich auf die wesentlichen Grundbedürfnisse der Kinder zu besinnen. Alles wird leichter und überschaubarer. Im unmittelbaren Kontakt zum Kind erkennen Eltern ohne Schwierigkeiten, was es wirklich braucht. Ein Kind braucht als Erstes, dass es in seiner Eigenart gesehen und wahrgenommen und geachtet wird: Genauso, wie es ist. Es braucht die Geborgenheit einer guten Elternbeziehung, und es braucht, dass ihm genügend Zeit und Aufmerksamkeit gegeben wird. Jedes Kind braucht genügend Freiheit, um seine Fähigkeiten zu erproben. Jedes Kind braucht aber auch Grenzen für seine Sicherheit. Kinder sind von Natur aus neugierig und möchten mit allen Sinnen die Welt erfahren. Kinder wünschen sich, dass das geachtet und gutgeheißen wird. Und schließlich brauchen Kinder, dass ihre spontane Beziehung und Liebe zur Natur und zu den Geheimnissen der Schöpfung gesehen wird und ausreichend Entfaltungsraum erhält.

Wenn sich Eltern mit ihren Kindern die Chance geben, immer wieder auch mal anzukommen, profitieren beide Seiten davon. Eltern müssen zuallererst bei sich selbst anfangen. Eltern, die von morgens bis abends gestresst sind, können nicht erwarten, dass Kinder ganz entspannt im gegenwärtigen Augenblick angekommen sind.

Oasen der Stille schaffen

Gerade wenn der Alltag besonders hektisch ist, wenn man das Gefühl hat, dass der Stress kein Ende nimmt, gerade dann ist es besonders wichtig und hilfreich, immer wieder mal runterzukommen und anzukommen, sich immer wieder kleine Oasen der Stille zu schaffen.

Suchen Sie in Ihrer Wohnung oder in Ihrem Haus einen Ort auf, an dem Sie für eine Viertelstunde ganz ungestört sind. Sagen Sie den Kindern Bescheid, dass Sie jetzt für eine Viertelstunde nicht gestört werden möchten. Erklären Sie ihnen, dass Sie das brauchen, um wieder ruhig und entspannt zu werden, um wieder »eine gute Mama/ein guter Papa« sein zu können. Kinder sind normalerweise sehr empathisch und haben großes Verständnis dafür, wenn ihre Eltern das brauchen. Machen Sie den Kindern aber auch klar, dass das nicht ihre Schuld ist. Kinder bekommen rasch Schuldgefühle, wenn es der Mama oder dem Papa nicht so gut geht. Und Kinder unterstützen es normalerweise auch sehr, wenn Mama oder Papa etwas für sich tun. Kinder möchten keine Eltern, denen es schlecht geht. Diese Oase der Stille kann ein Sofa sein oder auch ein Stuhl in Ihrem Schlafzimmer oder in der Küche. Oder auch der Stuhl an Ihrem Schreibtisch. Wichtig ist, dass Sie jetzt eine Weile ungestört sind. Schalten Sie am besten auch das Handy aus.

Nehmen Sie eine entspannte und bequeme Sitzhaltung ein. Schauen Sie, dass Sie gerade und trotzdem locker sitzen. Die Wirbelsäule ist aufgerichtet. Der ganze Körper ist entspannt. Richten Sie Ihre Aufmerksamkeit auf den Körper und nehmen Sie wahr, wo Sie noch verspannt oder verkrampft sind. Und wenn Sie bemerken, dass Sie irgendwo, zum Beispiel im Schulterbereich oder im Bauch, noch angespannt sind, lassen Sie die Anspannung los.

Richten Sie Ihre Aufmerksamkeit nun auf Ihren Atem. Lassen Sie Ihren Atem ruhig werden. Lassen Sie den Atem einfach kommen und gehen. Üben Sie keinen Druck aus. Es atmet von selbst: Sie brauchen es nur geschehen zu lassen. Und mit jedem Ausatem lassen Sie ein bisschen mehr los. Spüren Sie, wie mit jedem Ausatem noch mehr innere Spannung abfließt.

Kommen Sie nun mit Ihrem Bewusstsein hier an, jetzt und hier in diesem Raum, in Ihrer Oase der Stille. Ihre Gedanken werden abschweifen und sich mit dem Kinderchaos beschäftigen wollen. Führen Sie sie sanft zurück. Erlauben Sie sich, diese Viertelstunde ganz hier zu sein. Alles andere kommt später wieder. Jetzt ist Pause auf Ihrer Oase. Jetzt ist nichts anderes wichtig, als nur hier zu sein.

Machen Sie nun innerlich einen Schritt von sich weg. Verlassen Sie die Identifizierung und gehen Sie ins Zeugen-Bewusstsein, wie es weiter oben schon ausführlich beschrieben worden ist. Betrachten Sie sich und Ihre Familie nun von außen. Schauen Sie liebevoll auf sich – und auf die Kinder. Schauen Sie von außen liebevoll auf das ganze Chaos – und lächeln Sie sich aufmunternd zu. In diesem liebevollen Selbst-Gewahrsein verbleiben Sie nun noch für den Rest der Zeit. Ganz entspannt – und mit einem liebevollen Blick auf sich.

Diese Oasenübung sollten Sie sich immer gönnen, wenn Sie bemerken, dass es zu viel wird, dass Sie kurz vor dem Explodieren stehen. Sie tun es für sich und für die ganze Familie. Sie dürfen sich diese Oasenübung aber auch gönnen, wenn es Ihnen gerade gut geht. Das verhilft Ihnen zu kontinuierlichem Ausgeglichen-Sein. Diese Übung ist die beste Stressprophylaxe.

Um innerlich zur Ruhe zu kommen, können Sie gelegentlich bei Ihrer Oasenübung eine kurze Fantasiereise machen. Dazu zwei Beispiele:

Zwei Fantasiereisen

Stellen Sie sich vor, Sie befinden sich an einem wunderschönen Strand am Meer. Es ist früher Nachmittag, leise plätschernd schlagen die Wellen an den Strand. Ein angenehm warmer, lauer Wind fächelt sanft Ihr Gesicht. Wasservögel schaukeln auf den Wellen. Sie schauen einfach nur den Wellen zu, wie sie kommen und gehen. In gleicher Weise spüren Sie Ihren Atem, wie er kommt und geht. Immer wieder einmal geht Ihr Blick ganz weit in die Ferne bis zum Horizont. Sie fühlen sich ganz geborgen. Die Zeit hat aufgehört. Es gibt für Sie nur noch diesen einen Augenblick. Verweilen Sie an diesem Ort so lange, wie Sie denken, dass es Ihnen guttut.

Oder Sie stellen sich vor, es ist ein angenehm warmer Sommerabend auf dem Land. Sie sitzen am Rande eines großen Kornfeldes.

Ringsum ist Stille. Kaum ein Laut ist zu hören. Nur manchmal geht ein sanfter Wind durch die Ähren und erzeugt ein leises Rauschen. Es ist so friedlich hier, dass es auch innerlich in Ihnen friedlich und ruhig wird. Alle Unruhe und alle Sorgen sind für diesen Moment vergessen. Sie sind ganz hier auf diesem Feld angekommen. Und Sie bemerken, wie sich auch Ihr Atem beruhigt. Sie atmen ganz gleichmäßig. In der Ferne sind Abendglocken zu hören. Sie vergessen die Zeit und sind ganz da, ganz angekommen an diesem Ort, in diesem Augenblick.

Eltern, die bei sich und in ihrer Familienwelt angekommen sind, fällt es leichter, auch die Kinder zu lassen, wenn sie bemerken, dass diese gerade bei sich angekommen sind.

Eine Mutter erzählte mir einmal folgende Geschichte: Ihr siebenjähriger Sohn hatte Besuch von einem Klassenkameraden. Er war den ganzen Nachmittag über da, und die Kinder waren die ganze Zeit mit sich selbst beschäftigt. Als es so weit war, dass sie die beiden zum Gymnastikkurs bringen sollte, betrat sie das Kinderzimmer. Diese Mutter war schon über ein halbes Jahr auf dem Weg der Achtsamkeit. Als sie nun ins Zimmer zu den Kindern kam, fand sie beide so konzentriert und intensiv in ein Gespräch vertieft, dass sie es nicht übers Herz brachte, sie zu stören. Sie blieb einfach stehen und ließ den beiden Kindern die Zeit, die diese brauchten, um zu einem Ende zu kommen und sich dann der Mutter zuzuwenden. Der Junge, der zu Besuch da war, zeigte sich ganz beeindruckt. Seine Mutter, so sagte er, würde nie warten, wenn er gerade mit jemandem im Gespräch sei.

Wenn Kinder immer anders wollen

In allen Familien gibt es Meinungsverschiedenheiten und die unterschiedlichsten Bedürfnisse. Das ist zunächst kein Problem. Zum Problem kann es werden, wenn wir falsch und unangemessen mit Meinungsunterschieden, unterschiedlichen Wünschen und Konflikten umgehen. Die Wahrscheinlichkeit, dass gute Lösungen gefunden werden, ist groß, wenn alle in der Situation bei sich und beim andern angekommen sind. Dann sind niederlagelose Konfliktlösungen möglich. Denn wenn keiner das Gefühl hat, Verlierer zu sein, wird die jeweils gemeinsam gefundene Lösung Bestand haben. Wenn hingegen sich einer als Verlierer fühlt, Kind oder Eltern, wird es an anderer Stelle wieder neue Konflikte geben.

Aber wie geht das? Der bekannte amerikanische Familientherapeut Thomas Gordon, einer der Pioniere der Humanistischen Psychologie, hat ein Konzept entwickelt, wie Familienkonflikte gut gelöst werden können, ohne dass sich jemand als Verlierer fühlen muss. Bekannt geworden ist es durch sein millionenfach verkauftes Buch *Familienkonferenz*. Hierin wird ein Weg beschrieben, wie Familien immer wieder zusammenkommen, beieinander ankommen. Egal ob Kleinkind oder Teenager, Gordons alltagstaugliche Tipps und Erziehungstechniken wie »aktives Zuhören«, »Ich-Botschaften« und »Konfliktlösung ohne Niederlage« bieten effektive Lösungswege und helfen, ein gesundes familiäres Umfeld für jedes Kind zu schaffen.

Konkret bedeutet das, dass in der Regel alle Familienmitglieder einmal in der Woche zusammenkommen zur sogenannten »Familienkonferenz«. Am besten immer zur gleichen Zeit, etwa am Sonntagvormittag. Da haben in vielen

Familien die meisten Familienmitglieder Zeit. Für manche Familien eignet sich der Samstagabend besser. Doch jede Familie hat ihre eigenen Regeln und Gewohnheiten. Im Laufe der Woche hat es verschiedene Situationen gegeben, in denen sich der eine oder andere nicht so richtig wohlgefühlt hat, wo er sich vielleicht sogar über ein anderes Familienmitglied geärgert hat, wo er dachte, dass da etwas schiefläuft, wo es kleinere oder größere Konflikte gegeben hat. Jetzt sind die Zeit und der Ort gekommen, wo all diese Dinge angesprochen werden können, um sie in einem guten Sinne zu lösen. Jetzt darf alles zur Sprache kommen, was Probleme macht, was nicht so gut läuft. Damit ist allerdings keine Generalabrechnung gemeint: Es geht überhaupt nicht darum, Vorwürfe und Anschuldigungen loszuwerden. Sondern es geht um einen konstruktiven Erfahrungs- und Gedankenaustausch, nicht um Tadel und Schuldzuweisungen. Damit dies optimal gelingt, sind bestimmte Regeln einzuhalten. Sehr hilfreich ist auch hier EPL (Ein partnerschaftliches Lernprogramm), das im vorigen Kapitel schon praktisch vorgestellt worden ist. Das Münchener »Institut für Forschung und Ausbildung in Kommunikationstherapie e.V.« hat es entwickelt. Es ist ein sehr einfach zu handhabendes Modell, das in Familien und in Partnerschaften hilft, dass die Beteiligten in der Kommunikation auch wirklich beieinander ankommen. Es gibt, wie oben schon dargestellt, zwei Stellschrauben, an denen die Beteiligten sicherstellen können, wie gut oder wie weniger gut ein Gespräch läuft, wie gut sie beieinander ankommen: die Rolle des Sprechenden und die des Zuhörenden. Blättern Sie ruhig noch einmal zu den »Zehn Regeln für ein gelungenes Paargespräch« (S. 100) zurück und vergegenwärtigen Sie sich diese auch im familiären Kontext bestens bewährten Tipps.

Kinder zur Stille führen

Stille strahlt aus, auch auf Kinder, auch auf unruhige und zappelige Kinder. Gelegentlich können Großeltern eine besondere Hilfe und Unterstützung dabei sein, Kinder in die Stille zu führen. Bei uns zum Beispiel kommt es immer wieder einmal vor, dass wir Enkelbesuch über Nacht haben. Und wenn das Kind oder die Kinder dann am Morgen ausgeschlafen haben und nach unten kommen, sehen sie den Opa bereits auf seinem Sitzkissen beim Meditieren. Alles ist ganz still. Kein Radio, keine Nachrichten, Fernsehen schon gar nicht. Der neunjährige Tom kennt das inzwischen schon. Eines Morgens wollte er von mir erklärt bekommen, was ich mache, und wie das geht, das Meditieren: Und er setzte sich bei mir auf den einen Oberschenkel und »half mir beim Meditieren«. Zu spüren war, wie er stiller und entspannter wurde und sich offensichtlich wohlfühlte: Einfach nur dasitzen, ganz entspannt, ruhig und ruhiger atmen und beim Sitzen auch alle Muskeln loslassen und entspannen, eine Blume betrachten oder draußen vor dem Fenster dem Vogel zuhören. Irgendwann war es gut, er stand auf, nahm sein Spielauto und begann zu spielen. Und ich meditierte einfach weiter, bis die Zeit abgelaufen war. Doch auch sein Spielen ist in solchen Situationen viel ruhiger und stiller.

Im Familiensystem kommt den Älteren, insbesondere den Großeltern, eine besondere Rolle zu: Mit Achtsamkeit und Präsenz bei den Kindern zu sein und damit für eine Atmosphäre zu sorgen, in der die Kinder immer wieder einmal meditative Augenblicke erfahren können. Oma und Opa sind vielleicht schon in Rente und somit nicht mehr in den normalen Alltags- und Berufsstress involviert. Wenn nicht, so haben sie doch im Laufe ihrer Jahre gelernt, eine ruhigere Gangart ins Leben zu bringen. Auch einmal anzuhalten und zu verweilen. Das vermittelt sich auch den Kindern. Dabei muss es gar nichts Spektakuläres sein. Es ist nicht einmal nötig, mit Kindern formelle Achtsamkeits- oder Meditationsübungen durchzuführen. Einfach die Art und Weise, wie wir Älteren mit den Kindern umgehen, wenn wir aus der Stille handeln, überträgt sich auf die Kinder. Ein gemeinsamer Spaziergang durch einen stillen Wald; mit ihnen einem Baum oder eine Blume zu betrachten, gemeinsam auf einen besonderen Vogelruf zu hören. Zusammen am Tisch zu sitzen und etwas zu malen oder vorzulesen, sich um ein Tier zu kümmern, zusammen ein Lied zu singen oder einfach nur zusammen da zu sein. Auch wenn das im Einzelfall überhaupt nicht in diese Worte gekleidet werden muss: Kinder lernen auf diese Weise, anzukommen.

Ankommen – bei den Vorfahren

Es ist eine interessante Beobachtung, dass sich viele Menschen ab einem bestimmten Alter verstärkt für ihr größeres Familiensystem, insbesondere auch für ihre Vorfahren, ihre Ahnen zu interessieren beginnen. Manch einer beginnt mit 50 oder 60 Jahren, einen Familienstammbaum anzulegen, oder kramt in den alten väterlich-großväterlichen Unterlagen, ob dort etwas Derartiges zu finden sei. Alte Briefe werden entdeckt, manchmal auch alte Tagebücher, gelegentlich sogar noch Kriegstagebücher. Omas oder Opas Erzählungen, die früher eher genervt haben, bekommen eine neue Bedeutung. Man bemerkt, dass einen das etwas angeht, und beginnt, sich für die Lebenswelt, die Art und die Schicksale der Vorfahren zu interessieren. Wo und wie haben die gelebt und gearbeitet, was waren das für Menschen – die ja auch zu uns, zu mir gehören, zu denen ich auch irgendwie gehöre. Natürlich hatte man bisher auch schon Kontakt zu diesem Opa oder jener Oma, zu Onkeln und Tanten. Und bei allen möglichen Geburtstagskaffees wurde die eine oder andere Story von früher erzählt, manche immer wieder. Doch bis jetzt wurden die wiederkehrenden Familienbesuche eher als lästige Pflicht und oft genug auch als peinlich empfunden.

Ein Ast am Baum

Doch das kann sich ändern und ändert sich bei vielen mit zunehmendem Alter. Es wird einem bewusst, dass man Teil, Mitglied eines größeren familiären Gefüges ist. Es ist auch hier oft wie ein neues Ankommen im eigenen größeren Familiensystem. Nach und nach wird uns immer klarer, dass die bisherige individualistische Betrachtungsweise nach dem Motto: »Ich und der Rest der Welt« so nicht stimmt. Nochmals wird uns deutlich, wie sehr unser »Ich« im Grunde eine Illusion ist. Jetzt beginnen wir anzukommen bei allem, was familiär zu uns gehört, und das lenkt den Blick zwangsläufig auch zurück in die familiäre Vergangenheit, zu den Ahnen. Im Prozess des Älterwerdens schauen wir immer wieder einmal auch zurück und in die Breite auf die größeren Zusammenhänge. Immer wieder einmal wird uns bewusst, dass hinter uns eine ganze Reihe von Ahnen steht, in deren Gemeinschaft wir eingebettet sind – auch wenn uns das in der Zeit unseres aktiven Lebens kaum so richtig bewusst und eigentlich auch gar nicht so wichtig gewesen ist. Aber nun beginnen wir, uns zugehörig zu fühlen, und wollen Genaueres wissen: Wie haben meine Ahnen gelebt, womit haben sie ihren Lebensunterhalt verdient, was haben sie gearbeitet, gedacht und welche religiösen Überzeugungen haben sie gepflegt? Wie war ihre politische Einstellung und wirtschaftliche Situation? Welchen Schicksalen waren sie ausgesetzt? Welche rätselhaften, ungeklärten Unglücks- und Todesfälle gibt es bei meinen

Vorfahren? Es stellt sich auch die Fragen nach eventuellen politischen Verstrickungen etwa in der Zeit des Nationalsozialismus. Gab es überzeugte Nazis bei meinen Vorfahren; oder gab es Opfer der Diktatur?

Nun kann es also auch Zeit werden, anzukommen in unserer größeren Familie, die ja viele Generationen zurückreicht. Die systemische Familientherapie hat deutlich gemacht, wie wichtig es für den Einzelnen ist, sich auch als Teil dieses größeren Gefüges zu wissen. Wir sind nur eine Blüte am großen Baum unseres Familiengeschlechts. Es ist oft eine faszinierende Erfahrung, seine Großfamilie, seine Ahnen in den Blick zu nehmen – soweit das eben möglich ist. Doch in diesem gesamten Prozess des Älterwerdens ist das Ankommen bei seiner Familie, bei seinen Ahnen von großer Bedeutung. Darum lohnt es sich, auch ein bisschen »Forschung« dafür zu betreiben, um besser bei sich und seiner Familie anzukommen.

Manche bekommen Lust, einen Familienstammbaum zu erstellen, oder den, den sie schon vorgefunden haben, zu aktualisieren und weiterzuführen. Das bedeutet einiges an Arbeit. Doch reicht es auch, einfach nur einmal nachzusehen, nachzuspüren, was überhaupt an Dokumenten greifbar ist, die von den Vorfahren erzählen. In jedem Fall wird der erste Schritt sein, dass man sich in der Familie umhört, die Eltern und – wenn möglich – auch die Großeltern befragt. Man kann mit ihnen beispielsweise in alten Fotoalben herumstöbern. Eltern und Großeltern werden sich an Vieles erinnern, und in diesen Gesprächen wird man auch erfahren, welche Wege außerdem noch hilfreich sein könnten, um noch mehr über die Ahnen zu erfahren. Vielleicht lernt man so auch entfernte Verwandte kennen, die wiederum etwas mehr wissen, andere Fotos zeigen und manche

Geschichte erzählen können. Manch einer entschließt sich in dieser Zeit, endlich einmal den Geburtsort der Mutter oder des Vaters aufzusuchen. Dort nachzuspüren, wo Vater zur Schule, zur Kirche gegangen ist, den Friedhof mit den Familiengräbern zu besuchen. Im früheren Wohnort vielleicht auch ehemalige Freundinnen und Freunde oder Spielgefährten des Vaters oder der Mutter zu erleben und mit ihnen zu sprechen. Und eventuell auch diejenigen Verwandten zu sehen, die bei den üblichen Familientreffen nie dabei waren. Nach solchen Gesprächen wird einem unter Umständen klar, warum Tante Elli und Onkel Hugo seit 13 Jahren kein Wort mehr miteinander gesprochen haben. Es ist sehr erhellend, auch mal andere Versionen der Verwandtschafts-Geschichten, und nicht nur der Streitfälle, zu hören.

Manch einer bekommt nach solchen Gesprächen richtig Lust, noch mehr in die Breite und in die Tiefe zu gehen, mehr zu erfahren. In diesem Fall müsste geschaut werden, was darüber hinaus an schriftlichen Quellen und Dokumenten auffindbar ist. Als Erstes wären das die Geburts-, Heirats- und Sterbeurkunden. Wenn die nicht auffindbar sein sollten, können diese Urkunden beim jeweiligen Standesamt als Kopie angefordert werden. Ein entsprechender Verwandtschaftsnachweis genügt in der Regel.

Oft finden sich auch auf irgendeinem Speicher oder in einer Abstellkammer überraschende Dokumente von früheren Zeiten und Familiengeschichten, die eben auch dazugehören. Viele ältere Verwandte haben auch noch einen sogenannten Arier-Nachweis im Besitz, eine Abstammungs-Urkunde aus dem Dritten Reich, die Hobbyforschern die Suche sehr erleichtert. Damals haben viele Menschen – wegen des Arier-Nachweises – eine Familien-Chronik angelegt. Das wäre natürlich ein Glücksfall, wenn so etwas zu finden wäre. Heutzutage ist auch das Internet eine große Hilfe bei der Recherche. Es gibt eine große Anzahl von Quellen, die online erkundet werden können.

Die normalen Personenstandsregister werden in den Standesämtern erst seit 1874 geführt. Darum muss bei allen Recherchen, die weiter zurückgehen, auf Kirchenbücher oder andere alte Dokumente zurückgegriffen werden. Die Kirchenbücher gehen manchmal bis in die Anfänge des 16. Jahrhunderts zurück. Darin findet man die Geburts- beziehungsweise Tauf-, Trauungs- und Sterbedaten aufgezeichnet. Wer will, kann auch die Kirchenbücher auf Anfrage in den Kirchenarchiven einsehen. Und es gibt auch alle möglichen Dienste, die online ihre Unterstützung anbieten.

Immer wieder kommt es vor, dass man bei solchen Nachforschungen auf bisher streng gehütete Familiengeheimnisse stößt. In früheren Zeiten war beispielsweise eine außereheliche Schwangerschaft und Geburt eine große Schande für die Familie, und oft genug wurden junge Frauen mit ihren »Bastarden« verstoßen. Doch systemisch betrachtet gehören auch diese zur Familie, selbst wenn die Großfamilie solche »schwarzen Schafe« lieber »totschweigen« möchte.

Doch wozu dieser ganze Aufwand? Wozu muss ich als Nachgeborener das alles wissen? Aus der systemischen Familientherapie wissen wir, wie wichtig es ist für das Ankommen bei sich selbst, dass wir uns erkennen und verstehen als Teil einer größeren organischen Einheit. Das Wort »Stammbaum« bringt das schön ins Bild: Wir sind Zweig oder Ast oder Blüte an einem großen Baum. Und die Beschaffenheit dieses Baumes im Einzelnen betrifft auch mich, wirkt sich irgendwie auf mich aus. Ob der Baum vertrocknet und dürr ist oder ob er prächtig groß gewachsen ist und viele Früchte trägt. Ob Äste abgebrochen sind und dürr herunterhängen, ob Wurzeln aus der Erde herausragen und gar beschädigt oder tot sind. Dieses Bild macht nochmals deutlich, wie wichtig der Blick vom Einzelnen weg und zum Ganzen hin ist. Nur wenn ich beim Ganzen angekommen bin, bin ich bei mir angekommen.

Da es sich hierbei nicht um ein rein kognitives Erforschen handelt, sondern vor allem um eine ganzheitliche Erfahrung, möchte ich hier noch ein kleines Ahnen-Ritual anbieten als Hilfe zum besseren Ankommen bei der großen Familieneinheit.

Die Ahnen sind mit uns

In jedem von uns lebt und wirkt mehr, als man spürt und ahnt, wenn man so als Einzelkämpfer durchs Leben geht. Wir haben – ganz tief im Unbewussten verborgen – unsere ganze Familie bei uns, nur wissen wir es nicht. Diese ganze Familie bedeutet aber nicht nur Vater, Mutter und Geschwister, Onkel und Tanten, sondern auch die Generationen weiter zurück: Großvater, Großmutter, Urgroßvater, Urgroßmutter und so weiter. Diese sind auf irgendeine Weise in uns lebendig, und das nicht nur biologisch in den Genen, sondern irgendwie auch mit ihrer Lebensart, mit ihrem Schicksal. Wenn zum Beispiel Väter oder Großväter im Krieg waren, Familien Fluchterfahrungen machen mussten, wenn ein Großonkel oder sonst ein naher Verwandter im Krieg gefallen ist, oder wenn es einen Mordfall in der Familie gab, so ist das nicht einfach nur damals geschehen und heute vergessen. Es ist, um das Bild wieder aufzugreifen, der Baum, der in irgendeiner Weise geschädigt oder verletzt wurde. Es sind Schicksale der Gesamtfamilie, die auch in den Nachkommen in irgendeiner Weise lebendig sind, selbst wenn man es nicht konkret im Bewusstsein gegenwärtig hat. Der systemische Familientherapeut Bert Hellinger hat das in beeindruckender Weise erforscht und in seinen zahlreichen Büchern dargestellt. Wir sind als Sohn oder als Tochter nicht nur einzeln, sondern unweigerlich auch Mitglied einer größeren Familie und haben Teil an der Lebensgeschichte und dem Lebensschicksal unserer Vorfahren. Im Guten wie im weniger Guten.

Vater und Mutter sind in der Regel noch greifbar und erfahrbar gewesen oder sind es heute noch. Aber die letzte oder die vorletzte Generation ist in unserem Bewusstsein kaum mehr lebendig; doch tragen wir deren Erbe ebenfalls in uns. Darum ist es wichtig, dass wir zurückfinden und uns immer wieder einmal mit unseren Vorfahren verbinden. Sie gehören zu uns – wir gehören zu ihnen. Hilfreich dabei ist die nachfolgende Übung: Begeben Sie sich für diese innere Verbindung mit den Ahnen an einen Ort, an dem Sie ungestört sind. Nehmen Sie sich ungefähr eine Stunde Zeit dafür.

Ahnen-Ritual: Sich vor den Ahnen verneigen

Nehmen Sie eine entspannte Sitzhaltung ein, wie sie Ihnen ja schon von den anderen Übungen her vertraut ist. Locker und aufrecht und ganz gegenwärtig – in diesem Augenblick. Und dann schließen Sie die Augen und lassen vor Ihrem inneren Auge das

Bild des Vaters Ihres Vaters entstehen. Sie schauen ihn an, Ihren Großvater, und er schaut Sie an. Machen Sie sich bewusst: Das Leben, das Sie geschenkt bekommen haben, kam durch ihn – über Ihren Vater – zu Ihnen. Lassen Sie ein Gefühl von Dankbarkeit in sich entstehen, verneigen sich leicht vor ihm und sagen Sie: Opa (oder Großvater), ich danke dir. Ich nehme es und mache etwas Gutes draus. Bitte schau freundlich auf mich. Und nach einer Weile lösen Sie sich wieder von ihm.

Und nun lassen Sie in gleicher Weise vor Ihrem inneren Auge das Bild der Mutter Ihres Vaters entstehen, Ihre Großmutter. Sie schauen sie an – und sie schaut Sie an. Und wieder machen Sie sich bewusst: Das Leben, das Sie geschenkt bekommen haben, kam durch sie – über Ihre Eltern – zu Ihnen. Lassen Sie ein Gefühl der Dankbarkeit in sich entstehen, verneigen Sie sich leicht vor ihr und sagen Sie: Oma (oder Großmutter), ich danke dir. Ich nehme es und mache etwas Gutes draus. Bitte schau freundlich auf mich. Und nach einer Weile lösen Sie sich wieder von ihr.

Und dann lassen Sie vor Ihrem inneren Auge das Bild des Vaters Ihrer Mutter entstehen, Ihr anderer Großvater. Sie schauen ihn an – und er schaut Sie an. Machen Sie sich bewusst: Das Leben, das Sie geschenkt bekommen haben, kam durch diesen Mann – über Ihre Mutter – zu Ihnen. Lassen Sie ein Gefühl der Dankbarkeit in sich entstehen. Verneigen Sie sich innerlich leicht vor ihm und sagen: Opa, ich danke dir. Ich nehme es und mache etwas Gutes draus. Bitte schau freundlich auf mich. Und nach einer Weile lösen Sie sich wieder von ihm.

Und nun stellen Sie sich – in gleicher Weise – die Mutter Ihrer Mutter vor, Ihre andere Großmutter. Sie schauen sie an – und sie schaut Sie an. Und wieder machen Sie sich bewusst: Das Leben, das Sie geschenkt bekommen haben, kam durch diese Frau – über Ihre Eltern – zu Ihnen. Lassen Sie ein Gefühl von Dankbarkeit in Ihnen entstehen. Verneigen Sie sich innerlich leicht vor ihr und sagen: Oma, ich danke dir. Ich nehme es und mache etwas Gutes draus. Bitte schau freundlich auf mich. Und nach einer Weile lösen Sie sich wieder von ihr.

Und nun schauen Sie mit Ihrem inneren Auge noch weiter zurück in der Ahnenfolge, in die nächste Generation, zu den Eltern Ihrer Großeltern. Die kennen Sie wohl nicht mehr, haben aber das eine oder andere über sie erzählen gehört, auch wenn Sie sie nicht mehr gesehen haben. Ihre Eltern haben sie wohl noch gekannt. Für Sie liegen sie weiter zurück auf dem langen Weg bis zum Ursprung des Lebens, auch Ihres Lebens.

Und nun verweilen Sie noch ein bisschen bei diesem Ihrem inneren Familienbild – von dem Sie ein Teil sind. Sagen Sie für sich und lassen Sie es sich auch fühlen: Das sind wir, das ist meine Familie. Ich gehöre dazu. Und wenn es Ihnen genug zu sein scheint, dann lösen Sie sich wieder von diesem Bild, öffnen langsam die Augen und kommen in die Gegenwart zurück – im Bewusstsein, dass die Ahnen bei Ihnen sind.

Endlich Frieden mit den Eltern

Das vorausgegangene Ahnen-Ritual setzt voraus, dass der Betreffende nicht noch immer voller Hader, Anklage, Enttäuschung und Wut seinen Eltern gegenüber verharrt. Wer auch als Erwachsener noch Rechnungen offen hat mit den Eltern, wer in kindlicher Vorwurfs- und Trotzhaltung den Eltern gegenüber festsitzt, ist noch nicht frei, noch nicht angekommen im Hier und Jetzt des gegenwärtigen Augenblicks. Kaum ein Kind der heute älter werdenden Generation hat in seinen frühen Jahren die Zuwendung, den Schutz, die Freiheit und die Regeln und Grenzen geboten bekommen, die Kinder brauchen, um zu selbstkompetenten, glücklichen Menschen heranzuwachsen. Das war die Zeit noch vor der »antiautoritären Erziehung«, es war die Zeit der sogenannten »schwarzen Pädagogik«, in der seelische Demütigungen und körperliche Strafen zum normalen Alltag fast der meisten Kinder gehörten. Manche haben Wege gefunden, sich im Zuge ihres Erwachsenwerdens mit Hilfe anderer, freundlicher und zugewandter Erzieherinnen und Erzieher oder auch Nachbarn und Verwandten von diesen Lasten zu befreien und zu autonomen und sozial integrierten Persönlichkeiten heranzuwachsen. Doch Viele tragen noch einen Rucksack mit unerledigten Konflikten aus der Kindheit mit sich herum. Und immer dann, wenn es zu einem Telefonat oder einem direkten Treffen mit diesem oder jenem Elternteil kommt, kocht das Alte wieder hoch, finden sie sich wieder in der Rolle des gedemütigten, grollenden, trotzigen, enttäuschten, traurigen, leidenden Kindes wieder. Sie sind noch nicht fertig mit ihren Eltern, tragen noch schwer an ihrer Vergangenheit. Und diese seelische Gestimmtheit wirkt natürlich auch in alle Lebensbereiche störend hinein.

Da ist zum Beispiel Werner, das jüngste von vier Geschwistern, drei Jungen und ein Mädchen. Die Familie wohnte in einer ländlichen Gegend Süddeutschlands. Der Vater arbeitete in einer Schreinerwerkstatt; die Mutter versorgte zu Hause die Kinder. Der Grund, weshalb Werner in die Beratung kam, war eine tiefsitzende Unsicherheit und ein beständiges Gefühl, nicht am richtigen Platz zu sein, nicht dorthin zu gehören, wo er gerade war. Damit hat er sich schon einige berufliche Chancen zerstört. Und auch auf der Beziehungsebene macht er sich damit Schwierigkeiten. Nie ist er sich sicher, ob das nun die richtige Partnerin für ihn sei. So hat er schon einige eigentlich aussichtsreiche Beziehungen zerstört. Immer wieder wird er auch von depressiven Phasen eingeholt, in denen es ihm schwerfällt, morgens überhaupt aufzustehen und zur Arbeit zu gehen.

In den therapeutischen Gesprächen wird nach und nach verständlich und klar, wie es kommen konnte, dass Werner solche Störungen entwickelt hat. Als jüngstes Kind in der Familie hatte er immer das Gefühl, dass er zu viel sei. Er fand sich fehl am Platz, weshalb er, sooft er konnte, nach draußen ging und sich mit anderen Jungs rumtrieb oder auch im Dorf bei einer benachbarten Familie, die einen kleinen landwirtschaftlichen Betrieb hatte, ein bisschen mithalf. Im Grunde war das aber eine Flucht vor dem strengen, fordernden und kritisierenden Vater, in dessen Gegenwart er sich sehr unwohl fühlte. Werner kann sich kaum an nette Worte des Vaters erinnern oder gar an eine zärtliche Geste. In dessen Gegenwart hatte er immer Angst, irgendetwas falsch zu machen und den Zorn seines Vaters auf sich zu ziehen. Nach und nach wurde auch deutlich, welchen geheimen Zorn er selbst auf diesen Vater hatte.

Werner ist nur ein Beispiel für all die Erwachsenen, die mit ihren Eltern noch nicht im Reinen und die darum noch nicht bei sich angekommen sind.

Lösungs- und Versöhnungs-Ritual

Die Vergangenheit, die Kindheit und Jugend von Erwachsenen war, wie sie war; daran lässt sich heute nichts mehr ändern. Dennoch sind wir unseren schlechten, düsteren Gedanken und niederdrückenden Gefühlen nicht für immer ausgeliefert. Es gibt Möglichkeiten, mit der Vergangenheit abzuschließen und mit sich und seinen Eltern ins Reine zu kommen, gleichgültig, ob diese noch leben oder schon verstorben sind. Wenn auch das Gewesene war, wie es war, so können wir doch unsere Gedanken darüber und unsere Gefühle dazu umgestalten. Keiner muss zeitlebens in Rebellion, Wut oder Rachefantasien verharren und sich dadurch das Leben unnötig schwer machen.

Manfred Scherrmann, der kürzlich verstorbene, systemisch arbeitende Paar- und Familientherapeut, empfiehlt zwei sehr einfache und manchmal doch so schwere Schritte, die zur Freiheit und zum Frieden mit den eigenen Eltern führen: Das eine ist das Nehmen der Eltern, so wie sie sind, und das andere ist Loslassen der Eltern und das Sich-Zuwenden zu seinem eigenen Leben.

Beim Nehmen der Eltern kommt es darauf an, dass wir uns klarmachen, dass wir – auch wenn wir erwachsen sind – immer die Kinder dieser Eltern sind und bleiben. Das anzuerkennen ist wichtig, es hilft, Abstand zu nehmen vom Urteilen und Richten über die Eltern. Erst muss diese Tatsache anerkannt werden, erst muss das als meine Realität akzeptiert werden, ohne dagegen zu opponieren und sich dagegen aufzulehnen. Erst dann kann paradoxerweise der nächste Schritt vollzogen werden, das Loslassen der Eltern.

Das Loslassen der Eltern bedeutet, dass ich mich meinem eigenen Leben als nunmehr Erwachsener zuwende. Was immer gewesen sein mag, nun bin ich selbst erwachsen und übernehme die volle Verantwortung für mein weiteres Leben.

Sich das klar zu machen und kognitiv einzusehen, reicht beim Prozess der entschlossenen und liebevollen Ablösung von Vater und Mutter normalerweise nicht. Rituale sind Hilfen, das als richtig Erkannte auch emotional, mit der Seele mit zu vollziehen. Nur so kann es eine das Leben verändernde Dynamik entfalten.

Versöhnungs-Ritual mit dem Vater/mit der Mutter

Nehmen Sie, wie Sie das ja schon kennen, wieder eine entspannte Sitzhaltung ein. Schließen Sie die Augen und stellen Sie sich vor, dass Ihnen Ihr Vater gegenübersitzt. Schauen Sie ihn eine Weile an. Bleiben Sie ganz ruhig. Gefühle, die in Ihnen hochkommen, lassen Sie kommen, halten sie aber nicht fest.

Verharren Sie so ein paar Minuten in schweigender Gegenwart mit Ihrem Vater. Und dann sprechen Sie zu ihm: »Lieber Vater, heute möchte ich dir meine besondere Anerkennung aussprechen für all das, was du für mich getan hast, für das, was ich von dir bekommen habe. Es ist viel, und es ist genug. Es reicht, dass ich etwas Gutes aus meinem Leben mache. Auch wir haben es nicht immer leicht gehabt miteinander, ich mit dir und du mit mir, wie das normal ist zwischen Vätern und Söhnen/Töchtern.« – Nennen Sie an dieser Stelle die Einzelheiten, die Ihnen wichtig sind. – »Wie jede Vater-Kind-Beziehung hat auch unsere Beziehung ihre Höhen und Tiefen gehabt. Wie in jeder Vater-Kind-Beziehung durchmischt sich auch in unserer Beziehung Schweres mit Leichtem, Glückliches mit Schmerzlichem. Doch nun ist es gut. Ich bin längst erwachsen und habe aus meinem Leben etwas gemacht und werde es weiterhin machen. Und ich empfinde tiefen Dank dir gegenüber.« – Nennen Sie an dieser Stelle die einzelnen Punkte, für die Sie besonders dankbar sind, die Ihnen wichtig sind.

»Ich bin dein Sohn/deine Tochter, und ich bin es gerne, auch wenn es Zeiten gab, in denen das anders war. Was ich an Gutem von dir bekommen habe, nehme ich mit Dank. Was mir bisher in meinem Leben gelungen ist, verdanke ich ein Stück weit auch dir. Ich lebe gerne so, wie ich lebe. Ich bin zufrieden, so wie es ist, mit allem Licht und allem Schatten. Es ist mein Leben. Was mir weiterhin gelingt oder nicht gelingt, das ist nun meine Sache – seit ich erwachsen bin. Es ist nicht deine Schuld, wenn ich Fehler mache, Mist baue, Chancen ungenutzt lasse. Du hast deinen Teil längst getan – und ich danke dir von Herzen.«

Und nun lassen Sie eine Weile Schweigen zwischen Ihnen einkehren. Spüren Sie dem noch ein wenig nach, was Sie gerade Ihrem Vater anvertraut haben. Und nach ein paar Minuten des Schweigens lassen Sie sich vernehmen, was Ihr Vater Ihnen sagt. Das könnte sinngemäß etwa so lauten: Lieber Sohn/liebe Tochter, ich habe meine Aufgabe so gut gemacht, wie ich konnte. Für das Wei-

tere bist längst du selbst zuständig, seit du erwachsen bist. Heute übergebe ich dir nochmals ausdrücklich die Verantwortung für dein weiteres Leben. Solange es mir gegeben ist, solange ich noch lebe, begleite ich dich weiter in Liebe. Ich höre auf, mich um dich zu sorgen. Ich respektiere und achte, dass du dein eigenes Leben lebst, dein eigenes Schicksal hast. Und all meine Sorgen um dich und all meine Kinder lasse ich. Doch mit meinem Segen begleite ich dich.

Verbleiben Sie noch eine Weile im Schweigen, dann öffnen Sie die Augen und lassen sich wieder in der Gegenwart ankommen. Wenn Sie das Bedürfnis haben, sich etwas im Raum zu bewegen, dann tun Sie das. Doch bleiben Sie mit sich alleine ohne Ablenkungen oder Störungen von außen. Und wenn es Ihnen dann nach einiger Zeit gut scheint, kann der zweite Teil des Versöhnungs-Rituals folgen, die Versöhnung mit der Mutter. Hierzu nehmen Sie wieder Ihre Sitzhaltung ein und verfahren in ähnlicher Weise wie beim Versöhnungs-Ritual mit dem Vater. Vollziehen Sie die gleichen Schritte, und ändern Sie sinngemäß, was zu ändern ist.

Ankommen – auch in Unglück und Leid

Ältere Menschen, für die es langsam an der Zeit ist, anzukommen, blicken auch auf Zeiten der Not, des Unglücks und des Leids zurück. Aber gerade solche schicksalhaften Zeiten sind bevorzugte Möglichkeiten, um auf dem Weg der Trauer und des Verlustes in jenen Raum, in jener Wirklichkeit anzukommen, in der wir uns gehalten und getragen erfahren. Schritt für Schritt ankommen, das ganze Leben hindurch – auch in Not und Leid. Diese Zeiten sind aber auch bevorzugte Möglichkeiten, um etwas über sich und das Leben zu lernen und dadurch noch besser im Leben anzukommen. Denn bei vielen Formen des Unglücks trägt der Betroffene einen – manchmal sogar beträchtlichen – Teil selbst dazu bei. Dann gilt es, den Eigenanteil an den widrigen und leidvollen Umständen zu erkennen und dadurch wieder zurück in die Spur des Lebens zu finden. Nehmen wir also leidvolle Zeiten als Möglichkeiten und Chancen wahr, am Leben und für das Leben zu reifen – und anzukommen. Das wollen wir nun Schritt für Schritt noch etwas verdeutlichen.

Die meisten aus der Generation der heute älteren Menschen haben noch den Zweiten Weltkrieg zum Teil sehr heftig miterlebt. Manche haben Fluchterfahrungen als Kinder machen müssen. Viele Familien, vor allem in Großstädten, sind damals ausgebombt worden. Väter waren im Krieg und in Gefangenschaft und waren, wenn sie irgendwann heimgekommen sind, durch das Schreckliche, das sie erfahren mussten, oft zerbrochen und oft gar nicht mehr in der Lage, gute Väter zu sein. Viele kamen überhaupt nicht mehr aus dem Krieg zurück. Das verursachte bei den Hinterbliebenen und Nachwachsenden auch Folgeschäden. Die heute Älteren sind ja alle Kriegskinder.

Unverheilte Wunden

Ankommen – auch in der Not, auch im Leid, das befremdet zunächst, löst innere Widerstände aus. Da wollen wir doch lieber weg und nicht ankommen! Das ist richtig, doch in Situationen, in denen es überhaupt keine Auswege gibt, ist es sinnvoll, sich auch auf das Schlimme einzulassen. Nur dann kann sich der Horizont wieder öffnen – für ein Ankommen in einer neuen Gegenwart. Es gibt viel Schlimmes im Leben, das über uns kommt – ohne unser Zutun. Aber es gibt auch Unglück und Leid, zu dessen Zustandekommen wir durch unser Verhalten einen beträchtlichen Beitrag leisten. Es ist wichtig, das eine vom anderen zu unterscheiden, weil wir ganz verschieden damit umgehen müssen. Zunächst ein Beispiel für die erste Kategorie.

Im Rahmen einer Therapiegruppe habe ich einen schon etwas in die Jahre gekommenen Mann kennengelernt, auch ein Kriegskind, dem nun schon die dritte Frau weggelaufen war, weil er sich auf eine Beziehung mit einer Partnerin überhaupt nicht einlassen konnte, wie sich nach längeren Gesprächen herausstellte. Doch das war ihm selbst natürlich überhaupt nicht bewusst. Diese Frauen hatten alle das Gefühl, »nicht an ihn ranzukommen«. Nicht einmal im Bett war er präsent, wie eine der Frauen berichtete. Auf dem Hintergrund seiner Lebensgeschichte erschien das zwar sehr verständlich, doch im wirklichen Leben schuf er sich damit große Schwierigkeiten. In den Therapiesitzungen kam nach und nach ans Licht, was sich hinter diesem Verhalten für ein Schicksal verbarg. Christof, so hieß dieser Klient, hatte eine ausgeprägte schizoide Persönlichkeitsstruktur. Er wurde noch in den Kriegsjahren als fünftes Kind geboren. Sein Vater war jahrelang im Krieg, kam nur immer wieder einmal für kurze Zeit in den Heimaturlaub nach Hause. Danach kam in der Regel wieder ein Kind zur Welt. Kurz nach Kriegsende, der Vater war gerade aus der Gefangenschaft endgültig nach Hause zurückgekehrt, verstarb die Mutter nach der Geburt des achten Kindes im Kindbett – damals aufgrund der mangelnden ärztlichen Versorgung auf dem Land keine Seltenheit. Das Neugeborene verstarb mit der Mutter. Der Vater, der einen kleinen, schlecht gehenden Gemischtwarenladen betrieb, stand nun alleine mit sieben kleinen Kindern da – das jüngste zwei, das älteste zehn Jahre alt – und war mit dieser Situation total überfordert. Der Laden musste funktionieren, da konnte er sich nicht auch noch um die kleinen Kinder kümmern. Eine 20 Jahre jüngere Frau half ihm – mehr oder weniger unentgeltlich – regelmäßig beim Verkauf im Laden und zunehmend auch im Haushalt und bei den Kindern, damit das Leben auch für die Kinder irgendwie weitergehen konnte. Und nach gut einem Jahr war sie seine neue

Frau, und die Kinder hatten eine neue Mutter, eben eine Stiefmutter.

Begriffe wie PTS (Posttraumatische Belastungsstörung) kannte man in dieser Zeit nicht, zumindest hatte man keine Zeit und keine Nerven, sich um so etwas auch noch zu kümmern. Hauptsache, jeder hatte das Nötigste zum Essen und zum Anziehen. Christof erzählte nach und nach davon, wie es für ihn gewesen war, als seine Mutter nicht mehr aus dem Krankenhaus zurückgekommen war. Ganz lange Zeit glaubte er nicht, dass die Mutter wirklich tot sei. Er glaubte vielmehr fest daran, dass sie schon irgendwann wiederkommen würde. Der Papa war ja auch aus der Kriegsgefangenschaft irgendwann wiedergekommen. So hielt Christof insgeheim an seiner »wirklichen« Mutter fest und konnte sich nicht auf die neue Situation einlassen. Auch nicht, nachdem der Vater diese Frau geheiratet und er jetzt eine Stiefmutter hatte. Irgendwann aber, das geschah ganz leise und ohne ein besonderes Ereignis, dämmerte es ihm langsam, dass das tatsächlich wahr ist, was ihm gesagt wurde: Die Mutter war gestorben, tot, endgültig tot. Christof war in der Wirklichkeit dieser Situation angekommen. Und als ihm das so richtig klar geworden war, nachdem er alles kindliche Leugnen der Realität aufgegeben hatte, hatte er mit einem Mal das tiefe Gefühl, nun selbst zu sterben. Etwas war »totgegangen« in ihm, sagte er. Was er nicht wusste und auch nicht wissen konnte: In dieser Zeit hatte er tief innerlich den Entschluss gefasst, sich nie, nie, nie mehr auf eine Frau einzulassen. Die Angst vor diesem unendlichen Schmerz, doch nur wieder verlassen zu werden, war zu groß. Von diesem tief innerlichen, heimlichen Entschluss hatte er in seinem Bewusstsein keine Ahnung. Aber alle Frauen, mit denen er intimen Kontakt hatte, spürten das und waren frustriert. Erst viele therapeutische Gespräche brachten dies nach und nach zum Vorschein. Christof hat in diesen Sitzungen viel geweint. Im Schutze der Therapie machte er die Erfahrung, dass er diesen Schmerz zulassen konnte, ohne daran zu zerbrechen. Er war nun endgültig in der Wirklichkeit des kleinen Christof von damals angekommen. Und das war die Voraussetzung dafür, dass er auch in der Rolle des erwachsenen Mannes und Liebhabers ankommen konnte.

Was dem kleinen Christof in der Situation, als seine Mutter gestorben war, gefehlt hatte, war die therapeutische Hilfe, die ihn dabei hätte unterstützen können, in dieser neuen Wirklichkeit ohne die geliebte Mutter und mit der Stiefmutter anzukommen. Und damit in der Wirklichkeit, dass es – auch für kleine Kinder – ein Leben nach dem Muttertod gibt. Er hätte ein Gefühl des Gehaltenseins gebraucht – trotz des Todes der Mama. Kinder brauchen ein verständnisvolles Umfeld und möglichst eine therapeutische Begleitung, um durch diese Phasen brennenden Schmerzes, auswegloser Verzweiflung und tiefster Trauer hindurchzufinden und eines Tages wieder in ihrem Leben danach lebensfähig, beziehungsfähig und lebensfroh anzukommen. Und auch frei von heimlichen Ängsten, in Beziehungen verlassen zu werden. Kinder müssen gehalten werden. Was wir oft erleben, wenn diese frühe Verlusterfahrung nicht gut aufgearbeitet und geheilt ist, dass die betreffenden Personen sich entweder gar nicht erst richtig auf eine Beziehung einlassen und in jeder Partnerschaft als mehr oder weniger unnahbar gelten; oder dass sie in jeder Partnerschaft ihrer Partnerin/ihrem Partner zu wenig eigenen Spielraum lassen, auf Schritt und Tritt um sie herum sind, klammern und ihnen buchstäblich die Luft zum Atmen nehmen. Bei Christof war Ersteres der Fall. Es wundert nicht, dass sich Christof in all seinen Frauenbeziehungen nicht wirklich auf Partnerinnen einlassen konnte, seine (unbewusste) Angst, die Frau (= die Mutter) doch wieder zu verlieren, war zu groß. Doch nach all diesen gescheiterten Beziehungsgeschichten war es für ihn nun endlich Zeit geworden, anzukommen. Jeder schon erwachsene Mensch hat es schwer, in der Wirklichkeit als Erwachsener anzukommen, wenn kindliche Bedürfnisse zu ihrer Zeit von den Eltern nicht oder nicht ausreichend erkannt und befriedigt worden sind. Dann suchen sie auch in späteren Jahren, auch noch als Erwachsene, nach einer irgendwie gearteten Erfüllung und Befriedigung. Wir tragen dann ein verletztes Kind in uns, das sich nicht genügend geliebt fühlt, das sich zu kurz gekommen fühlt, das sich alleine gelassen fühlt. Viele Erwachsene haben ein trauriges, weinendes Kind in sich, das ständig versucht, den Schmerz, die Trauer und die Leere zu füllen und geheilt zu bekommen. Bewährt hat sich – ganz generell und auch bei Christof – die Arbeit mit dem »inneren Kind«, die Heilung des inneren Kindes.

Da wir alle irgendwelche unerlösten Reste aus unserer Kindheit mit uns herumtragen, die unversorgt, ungetröstet und unverstanden sind, kann die nachfolgende Übung jede und jeder immer mal wieder machen zur Heilung seines inneren Kindes. Das ist eine Unterstützung, um auch als Erwachsener immer wieder in der heutigen Wirklichkeit anzukommen, statt mit unseren regressiven, kindlichen Verhaltensmustern zu reagieren. In schwierigeren Situationen sollte man natürlich immer, wie schon gesagt, eine therapeutische Begleitung in Anspruch nehmen.

Kinder werden in der Regel in der Du-Form angesprochen. Aus diesem Grund wird auch in der folgenden Übung, in der es um die Begegnung mit dem inneren Kind geht, die Du-Anrede verwendet.

Heilung des inneren Kindes

Suche dir einen Ort aus, an dem du dich ganz sicher und ganz wohl fühlst. Das kann in deiner normalen Wohnung, in einer Kirche oder auch irgendwo im Freien auf einer bequemen Bank am Rande einer Wiese oder unter einem Baum sein, falls das Wetter schön ist und du für eine halbe Stunde ganz sicher ungestört sein wirst.

Nimm eine bequeme Sitzhaltung ein, so wie du sie ja bereits aus der Basisübung vom Anfang dieses Buches her kennst. Achte darauf, dass du nun nach und nach ganz entspannt und ruhig wirst. Achte auf deine Sitzhaltung, dass sie aufrecht und locker ist. Nimm zunächst deinen Körper wahr. Und wenn du bemerkst, wie du noch an einigen Stellen angespannt und verkrampft bist, lass los. Mit jedem Ausatem Anspannung abfließen lassen. Spüre deinen Atem, wie er kommt und geht, und mit jedem Ausatem lass noch ein bisschen mehr Anspannung abfließen. Du bist jetzt ganz entspannt – dein Atem geht ruhig und gleichmäßig – deine Glieder und der ganze Körper sind schwer und warm – schwer und warm – und du kommst immer tiefer in einen Zustand angenehmer Entspannung hinein. Mit jedem Atemzug entspannst du dich tiefer und tiefer – ganz ruhig geht dein Atem. Du brauchst ihn nicht zu kontrollieren. Er kommt und geht, wie er eben kommt und geht – und eine große Ruhe breitet sich in dir aus. Ru-he – Ru-he.

Und dann wende dich nach innen. Nimm Kontakt zu deinem inneren Kind auf, das immer bei dir ist, das du allerdings im normalen Leben kaum wahrnimmst. Es ist das Kind, das du einmal vor vielen Jahren warst. Es ist das Kind in dir. Schau es an, dieses Kind, mit deinem Erwachsenen-Ich. Lass deiner Erinnerung Zeit, bis es da ist, das Haus deiner Kindertage, die Landschaft, die Stadt, die deine früheste Heimat war. Betrachte das Haus, in dem du gewohnt hast. Alles ist dir wohlvertraut. Und nun gehe hinein, tritt durch die Haustür, gehe langsam und bedächtig durch alle Zimmer, in denen du als Kind gewohnt hast. Hier begegnest du auch deiner Familie, dem Vater, der Mutter, den Geschwistern.

Schau dieses Kind an, das du einmal warst, das du immer noch in dir hast. Wie ist es gekleidet, wo befindet es sich gerade? In der Schule? In der elterlichen Wohnung? Alleine oder mit Freunden und Kameraden zusammen? Spielt oder singt es vielleicht gerade? Hat es Freude oder ist es traurig? Weint es?

Setz dich zu ihm und sprich mit ihm. Lass dir erzählen, was es gerade bewegt, was ihm Freude macht, aber auch was seine Sorgen und Ängste sind, was es ärgert und wütend macht. Hat es gerade Stress mit einem Klassenkameraden? Hat es Angst vor dem gewalttätigen Vater? Macht es sich Sorgen, weil die Mutter krank ist? Ist es beunruhigt, weil es in der Schule wieder nicht alles verstanden hat? Hat es vielleicht einen Kloß im Hals vor Kummer oder Angst? Nimm wahr, wie lebendig und sensibel es sein kann, aber auch albern und verspielt oder zornig und traurig. Lass dir erzählen, was ihm so sehr fehlt, wonach es sich so sehr sehnt. Höre ihm einfach zu. Zeige ihm deine Empathie. Zeige ihm, wie gut du es verstehen kannst. Und wenn Pausen entstehen, schau es einfach liebevoll an. Lass dir auch all die Freuden und Erfolgserlebnisse erzählen, auf die dieses Kind stolz ist, die dieses Kind bewegen. Lass dir von seinen glücklichen Erfahrungen erzählen.

Und zum Schluss nimm dieses Kind noch einmal liebevoll in den Arm. Sag ihm, wie lieb du es hast, und sage ihm auch, dass du immer für es da sein wirst, immer! Zeige ihm auch deine Anerkennung für alles, was du gut an diesem Kind findest. Und lass dich nicht durch das Gerede der Erwachsenen irritieren, die vielleicht nicht alles schätzen, was du gut findest. Sag ihm auch, dass es völlig in Ordnung ist, selbst wenn es Dinge gemacht hat, die es eigentlich selbst gar nicht gut findet. Sag ihm, dass es o.k. ist, auch wenn es Sachen gemacht hat, für die es sich eigentlich schämt. Das ist gewesen, das ist bedauerlich, das tut ihm auch leid – aber nun ist es gut. Halte es noch eine Weile liebevoll im Arm – und dann verabschiede dich von ihm.

Macht man sich auf den Weg, um bei sich und der Wirklichkeit anzukommen, ist es meistens sehr hilfreich, auch bei seinem inneren Kind anzukommen. Denn viele unserer Verhaltensweisen und Handlungen können wir nur verstehen, wenn uns bewusst ist, dass immer wieder auch mal unser inneres Kind Regie führt. Und gerade hinter solchen Einstellungen und Gewohnheiten, mit denen wir uns selbst schaden, wie das Beispiel Christof zeigt, verbirgt sich oft unser inneres, verletztes Kind. Es lohnt sich darum, diese Übung in regelmäßigen Abständen zu wiederholen.

Bei Christof war es noch ein langer Prozess, bis sich sein tief verletztes Kind wieder getraute, sich tatsächlich auf eine Partnerschaft einzulassen. Möglicherweise kommt bei diesen Prozessen auch die Tatsache zum Vorschein, dass ein paar Stunden Therapie sinnvoll wären.

Wenn das Leben sinnlos scheint

Ankommen – auch im Unglück, auch im Leid. Es gibt wirklich Situationen, in denen uns förmlich der Boden unter den Füßen weggezogen wird und wir das Gefühl haben, in einen Abgrund zu stürzen, und meinen, dass nun alles vorbei sei. Und manche haben in ganz schlimmen Situationen den Impuls, das Leben möge tatsächlich auch physisch vorbei sein. Sie wollen nicht mehr weiterleben. Manchmal so schlimm, dass sie daran denken, ihr Leben selbst zu beenden. Jedenfalls keine Spur mehr von Ankommen im Hier und Jetzt. Oder doch?

Da ist zum Beispiel Wolfgang, Teilnehmer einer Selbsterfahrungsgruppe an einer Beratungsstelle für Ehe-, Familien- und Lebensberatung. Er hat angerufen, weil er sich in einer tiefen Krise befand und akut suizidgefährdet war. Die kurze Situationsschilderung, die er am Telefon gab, war immer wieder von verzweifelten Schluchzern unterbrochen und von Äußerungen wie: »Jetzt hat doch alles keinen Sinn mehr. Ich will nicht mehr!« Wir vereinbarten zur Suizid-Prophylaxe noch für denselben Tag einen Termin.

Das, was sich im ersten Gespräch zeigte, war eigentlich überhaupt nichts Außergewöhnliches, aber für Wolfgang nicht mehr zu ertragen. Zunächst hatte er von seiner Firma, bei der er mehr als 30 Jahre beschäftigt gewesen war, die Mitteilung bekommen, dass er aufgrund interner Umstrukturierungen in den vorzeitigen Ruhestand versetzt werden solle. Das kränkte Wolfgang zutiefst, nachdem er so lange mit seinem ganzen Einsatz für diese Firma tätig gewesen war. Als ihm aber dann noch seine langjährige Partnerin, mit der er viele Jahre Lebenszeit verbracht hatte, mitteilte, dass sie ihn zwar immer noch ganz nett finde, jetzt aber doch wieder etwas mehr Distanz brauche, stürzte für ihn der Himmel ein. Das zog ihm vollends den Boden unter den Füßen weg. Er hatte diese Beziehung längst als endgültig betrachtet, und darum gab es nun für ihn keinen Grund mehr, weiterzuleben. Sein gesamtes Lebenskonzept war Stück für Stück zusammengebrochen. Ohne Sinn und Perspektive war er: »Ende der Fahnenstange«, wie er mit einer Art Galgenhumor bemerkte. Erst viel später, nach langen therapeutischen Prozessen, stellte sich heraus, dass es ein Ende war, das zum Anfang wurde: die Mitte der Nacht, die ja bekanntlich der Anfang des Tages ist.

In diesem ersten Gespräch ging es zunächst einmal nur darum, genügend Lebenswillen in Wolfgang zu mobilisieren, dass er bis zum nächsten Termin in zwei Tagen leben konnte und wollte. Umbringen, so versicherte ich ihm, könne er sich ja dann immer noch, wenn sich herausstellen sollte, dass tatsächlich alles keinen Sinn mehr hat. Ich versuchte, etwas Zeit zu gewinnen und denjenigen Anteil in ihm zu erreichen und mich mit ihm zu verbünden, der in höchster Not zum Telefon gegriffen hatte, um die Beratungsstelle anzurufen. Also gab es bei aller Verzweiflung einen Teil in ihm, der leben wollte. Tatsächlich erschien Wolfgang auch zum nächsten Termin und zum darauffolgenden auch. Und zwei Tage später wieder – stets mit der Zusicherung, dass er sich ja immer noch umbringen könne, wenn alles nichts bringt. Doch danach war die akute Suizidgefährdung überstanden. Und nun konnten wir darangehen, die Probleme aufzuarbeiten und zu verstehen.

Es war, wie Wolfgang berichtete, keineswegs die erste Partnerin, die ihn nach längerer Zeit innigen Zusammenseins unvermittelt und für ihn völlig unverständlich verlassen hatte. Das Muster, nach dem diese Prozesse verliefen, war immer dasselbe. Es fing jeweils damit an, dass er sich in eine Frau, meist mütterlichen Typs, sehr heftig verliebte. Die Begegnungen verliefen zunächst sehr intensiv, auch erotisch-sexuell. Dabei wurde er in seinen Ansprüchen an die jeweilige Partnerin zunehmend maßloser und unersättlicher, ja sogar aggressiv-fordernd. Schon in den eigenen Erzählungen provozierte er im Zuhörer die Vorstellung eines zweijährigen Kleinkindes, das ganz und ausschließlich auf das Versorgtwerden und auf die ständige Anwesenheit der Mutter eingestellt ist. Er konnte es kaum ertragen, wenn seine Freundin-Mutter oder Mutter-Freundin auch mal ihre eigenen Wege gehen wollte, eigene Interessen verfolgte, Zeiten für sich alleine beanspruchte, eigene Hobbys hatte, eigene gesellschaftliche Kontakte pflegte.

Wenn sie Wolfgang jedenfalls nicht als ihr Ein und Alles betrachtete, keineswegs nur ununterbrochen mit ihm zusammenkleben wollte. Das führte oft dazu, dass es wegen jedem kleinen Schritt, den sie ohne Wolfgang ging oder gehen wollte, zu erbitterten Auseinandersetzungen kam, bis es der Partnerin irgendwann dann doch zu viel wurde und sie fast panikartig das Weite suchte.

Diese symbiotischen Vereinnahmungstendenzen von Wolfgang glichen denen einer frühen Mutter-Kind-Symbiose und waren einer reifen Partnerschaft nicht angemessen. Wolfgang war nicht in der Wirklichkeit des erwachsenen Liebhabers angekommen, sondern regredierte immer wieder zum Kleinkind. Die Frauen fühlten sich nicht als Frau gesehen und wertgeschätzt, sondern als Mutterobjekt ausgenutzt und ausgesaugt. Eine reife Frau möchte einen erwachsenen Mann als Partner haben, wo sich Geben und Nehmen die Waage halten.

Nicht immer sind die anderen schuld!

Es gibt Formen von Leid und Unglück, das schicksalsbedingt auf Menschen lastet, vor allem, wenn die Wurzeln bis in die frühe Kindheit zurückreichen. Doch in anderen Fällen trägt der Betreffende seinen Teil dazu bei, dass es ihm schlecht geht. Bei all diesen Formen führt der Weg zur Heilung über das Ankommen in der Rolle des Erwachsenen. Wolfgang hatte wichtige Reifeschritte noch nicht machen können. In jeder intimen Beziehung mit einer Frau lebten seine in der eigenen Kindheit zu kurz gekommenen Bedürfnisse wieder auf, das Bedürfnis nach uneingeschränktem und ununterbrochenem Versorgtwerden, nach Gehalten-

und Geborgensein, nach Gepflegt-, Betreut- und Genährtwerden, nach Gestreichelt-, Gewiegt- und Bemuttert werden; nach Hautkontakt, Weichheit und Wärme. All diese Bedürfnisse hatte seine alleinerziehende, überforderte und alkoholkranke Mutter Wolfgang gegenüber nicht erfüllen können. Wolfgang trägt ein verlassenes, gekränktes, völlig unterversorgtes Kind in sich. Das macht seine Verhaltensweisen Frauen gegenüber verständlich. Doch jede Frau fühlt sich durch diese Maßlosigkeit ausgesaugt wie von einem Vampir. Und es brauchte eine beträchtliche Zeit des Nachreifens und der therapeutischen Nachsorge, bis Wolfgang ein Gefühl dafür entwickeln konnte, dass reife Liebe von Mann zu Frau etwas ganz anderes ist, als an der Mutterbrust zu liegen und Milch zu saugen. Um in dieser Mannesreife anzukommen, musste Wolfgang tatsächlich noch eine Zeit lang im geschützten therapeutischen Rahmen regredieren dürfen und in diesem Setting das nachholen, was in seiner beschädigten Ursprungsfamilie nicht möglich gewesen ist.

Ankommen – auch in Not und Leid. Oftmals ist der Eigenanteil an der leidvollen Situation beträchtlich, doch immer wieder kommen Menschen aufgrund äußerer Umstände in Situationen, die sie zunächst überhaupt nicht beeinflussen können, die sie nicht verschuldet haben, denen sie einfach nur ausgeliefert zu sein scheinen: Wenn im Alter von 45/50 Jahren der Arbeitsplatz verloren geht, wenn das freudig erwartete Kind tot geboren wird, wenn ein schwerer Herzinfarkt zu weitgehender Invalidität führt, wenn die Ehefrau die Scheidung einreicht, weil sie einen Liebhaber hat, wenn der Sohn in die Drogenabhängigkeit abdriftet, wenn der Freund von einer unheilbaren Krankheit befallen wird, wenn die aufblühende Tochter nach einem Verkehrsunfall zeitlebens querschnittsgelähmt ist, wenn der Familienbetrieb, der über vier Generationen hinweg renommiert und erfolgreich gewirtschaftet hat, nun Insolvenz anmelden muss: In all diesen und ähnlichen Lebenserfahrungen tauchen nur noch Fluchtgedanken auf. Nichts mit »Ankommen im Hier und Jetzt«.

In einem Sinn-Horizont ankommen

Menschen waren immer schon in der Lage, viel Leid und Unglück zu ertragen, wenn es für sie sichtbar und erlebbar eingefügt ist in einem Sinn-Horizont. »*Wer ein Wozu zum Leben hat, erträgt fast jedes Wie*« (Friedrich Nietzsche). Wenn der Mensch einen Sinn in seinem Leben und in seiner jeweiligen Situation erkennen kann, mag sie auch noch so schlimm sein, kann und will er leben. Darum ist das Ankommen in einem Sinn-Horizont ganz entscheidend in schweren Lebensphasen. Es ist das Verdienst von Viktor Frankl, dem Begründer der Logotherapie, dies systematisch herausgearbeitet und therapeutisch nutzbar gemacht zu haben. Er hat als junger Mann die Schrecken des Krieges und als Jude den Horror der Nazi-KZs miterlebt. Seine Mutter, sein Vater, sein Bruder und seine Frau wurden von den Nazis umgebracht. Frankl, der zunächst in das KZ Auschwitz und zum Schluss nach Dachau verschleppt wurde, hatte Glück, er kam mit dem Leben davon und wurde Ende des Krieges von der US-Armee befreit.

Aus diesen schrecklichen Erfahrungen ging er nicht als gebrochener Mensch hervor; er hat sich auch nicht in Hassgefühlen und Rachebedürfnissen verstrickt. In all diesen schlimmen Jahren hat er tief in sich gespürt und erfahren, dass es eine Kraft in uns gibt, die stärker ist als alles Unglück, alles Unrecht und alles Leid: der Wille zum Sinn. Er verarbeitete diese Erkenntnis und Erfahrung aus der Lagerzeit in dem Buch *… trotzdem Ja zum Leben sagen*. Schon kurz nach Ende des Krieges vertrat er die Ansicht, dass vor allem der Blick nach vorne und nicht der Blick zurück einen sinnvollen Ausweg aus den Katastrophen des Weltkrieges und des Holocaust weisen könne.

Die von Frankl begründete Logotherapie geht, im Gegensatz zur Lehre Sigmund Freuds, davon aus, dass der Mensch nicht nur triebgesteuert ist, sondern dass er auch eine geistige Dimension hat, die ihn nach Sinnerfüllung in seinem Leben streben lässt. Ankommen im Leben heißt demnach immer auch ankommen in dieser geistigen Dimension, wo es darum geht, den Aufforderungscharakter der jeweiligen Situation zu erkennen und sein Handeln auf diesen Sinn hin auszurichten, statt sein schlimmes Los zu beklagen und zu bejammern. Die Frage ist dann nicht: »Was bringt mir das?«, sondern: »Was verlangt diese Situation von mir? Was ist die Herausforderung gerade in dieser Situation?«

Anerkennung und Respekt verdient unter diesem Blickwinkel der Vater von Christof in unserem obigen Beispiel (siehe S. 145). Er hat die Schrecken als Soldat im Krieg überlebt, kam endlich nach Hause, und nach zwei Jahren stirbt ihm seine Frau weg und er steht mit den sieben Kindern alleine da. Ein fürchterliches Schicksal, bei dem sich manch einer eher das Leben nimmt, als sich der Herausforderung zu stellen. Christofs Vater nahm die Herausforderung an, schaute nach vorne, blieb seiner Familie, seinen sieben Kindern und deren Zukunft treu, heiratete wieder und gab damit seinem Leben und seiner Familie Perspektive und neuen Sinn. Kein Impuls der Art: »Jetzt hat doch alles keinen Sinn mehr!«

Viele Menschen, denen Schlimmes passiert, verstricken sich in ununterbrochene Grübeleien über ihr Schicksal, die Ungerechtigkeit der Welt, sie hadern mit Gott und sehen nur noch schwarz. Da gibt es dann nur eines: Raus aus der Grübel-Falle, hinein ins wirkliche Leben. Dereflexion nennt die Logotherapie diesen Prozess. Das ist der wichtigste Schritt in allen leidvollen Erfahrungen. Eine gewisse Zeit kann und muss auch getrauert, gejammert, geweint und geklagt werden: Warum gerade mir; und hätte ich doch bloß; und wieso gerade jetzt, und so weiter. Doch irgendwann sollte der Mensch wieder ankommen im Leben, so wie es eben auch ist, so wie es jetzt für ihn weitergeht. Es ist danach bisweilen ein radikal verändertes Leben, aber es ist dieses eine Leben, es ist immer noch ein Geschenk an uns.

Ankommen – in der ewigen Gegenwart

Die Ankunft des Ganz Anderen

Wenn es Zeit wird, anzukommen, ist es auch Zeit, das innere Auge und das Herz zu öffnen für die Ankunft des Ganz Anderen, des namenlosen Geheimnisses in der Tiefe des Seins. Das ist natürlich nicht erst im Alter das Gebot der Stunde, aber da besonders. Die alten Griechen haben, um dies deutlich zu machen, einen Mythos verwendet, den Mythos von Philemon und Baucis. Im Folgenden habe ich die beim römischen Dichter Ovid in seinen Metamorphosen überlieferte Geschichte nacherzählt.

In Zeiten, als die Götter noch unter den Menschen weilten und mit ihnen geredet haben, waren der Göttervater Jupiter und sein Sohn Merkur wieder einmal unterwegs auf der Erde, um sich bei den Menschen umzusehen. Sie gingen in Menschengestalt, um nicht gleich als Götter erkannt zu werden.

Ihre Reise verlief zunächst nicht sehr erfreulich. Bei tausenden Häusern klopften sie an die Türe, um Obdach zu erbitten, doch tausend Riegel blieben ihnen verschlossen. Am Ende ihrer Wanderung blieb noch eine kleine, mit Stroh und Schilf bedeckte Hütte übrig. Dort klopften sie auch an. Drinnen wohnten ein gutes altes Mütterchen und ein alter Greis, Baucis und Philemon. Sie hatten sich dort als Jüngling und junges Mädchen vermählt und waren nun arm und alt, doch mit heiterem Sinn und ohne ihr Los und die Armut zu beklagen.

Als die beiden Wanderer aus einer anderen Welt nun bei diesem kleinen Hüttchen anklopften, fanden sie sogleich eine offene Türe und offene Herzen. Die müden Gäste wurden willkommen geheißen und freundlich bewirtet. Und was in der Armseligkeit der Verhältnisse fehlte, wurde durch die Herzlichkeit der Gastfreundschaft wieder wettgemacht. Was in der Hütte zu finden war, wurde herbeigeholt, auch der lang aufgesparte Schinken kam auf den Tisch und Wein in irdenem Krug.

Als das Gastmahl schon eine Weile gedauert hatte, bemerkten die beiden Gastgeber beim Wieder- und Wiederfüllen der Becher ihrer Gäste etwas ganz Wunderbares: Sooft sie aus dem Krug auch schöpften und die Becher füllten – der Wein wurde nicht weniger. Da erst erkannten sie, dass es sich um eine ganz besondere Begegnung, um außergewöhnliche Gäste handelte. Und als das Mahl schließlich zu Ende war, wurden Philemon und Baucis von den Göttern gebeten, ihre Hütte zu verlassen und mit ihnen auf den Berg zu kommen. Und die beiden folgten den Göttern, und sie gingen bis kurz vor den Gipfel des Berges. Da wendeten sie den Blick nochmals zurück ins Tal. Die ganze Landschaft hatte sich verändert. All die Häuser, die ihre Türen vor den Bittenden verschlossen hatten, waren versunken. Nur die kleine Hütte von Philemon und Baucis war stehengeblieben. Und wie sie so dastanden und das alles betrachteten, verwandelte sich die Gestalt der Hütte, und aus der baufälligen Behausung wurde ein stattlicher Tempel mit Steinsäulen, marmornem Boden, Bildwerk am Tor und Goldver-

zierung im Dachstuhl. Und einer der Götter forderte die staunenden alten Leutchen auf, sich etwas zu wünschen, was ihnen wichtig wäre. Die besprachen sich kurz miteinander und äußerten dann ihre gemeinsame Bitte: Hüterin und Hüter möchten sie sein im heiligen Haus für den Rest ihrer Tage und es warten und hegen, und am Ende ihrer Tage soll einer den Tod des andern nicht sehen müssen.

Und so geschah es auch. Bis in sein höchstes Alter hütete den Tempel das Paar. Und als sie eines Tages vor den Tempel traten, uralt und lebenssatt, wurden sie zu zwei Bäumen, die nebeneinanderstehen und immer beieinander sind und bis heute an dieser Stelle zu sehen sind. Die Natur hatte sie wieder in sich vereinigt.

Die symbolische Ebene kommt immer dann ins Spiel, wenn Menschen eine Erfahrung gemacht haben und bemerken, dass die normalen Worte dafür nicht ausreichen, um es mitzuteilen: Weil es einfach unsagbar ist. Und wenn es im fortschreitenden Alter Zeit wird, anzukommen, geht der Blick ebenfalls in Richtung dieses Horizonts, für den die Alltagsworte nicht tauglich sind. Aber Bilder und Symbole lassen es ahnbar werden. In der Antike fand dies Ausdruck in diesem griechischen Mythos von Philemon und Baucis, der auch für heutige Leserinnen und Leser seine Aussagekraft behalten hat. Menschen haben vor sehr langer Zeit in einer entsprechenden Situation eine Erfahrung gemacht, eine tiefe, unsagbare, unglaubliche, unaussprechliche, vor der sie nur staunen und schweigen konnten – und trotzdem das Bedürfnis hatten, es mitzuteilen. Und für andere, für die es Zeit geworden war, anzukommen, war und ist es eine Hilfe, weil sie darin möglicherweise eine Bestätigung ihrer eigenen, ähnlichen Erfahrung sehen. Wichtig aber ist: Es geht um eine tatsächliche, reale Erfahrung, die aber trotzdem so unsagbar ist, dass man sie nicht in der normalen Sprache sagen kann.

Auch für Menschen von heute, für die es Zeit geworden ist, anzukommen, kann dieser antike Mythos eine Hilfe sein. Ich möchte Sie jetzt einladen, die zentralen Bilder und Symbole von *Philemon und Baucis* noch ein bisschen näher zu betrachten, um zu sehen, wie das mit den eigenen Erfahrungen zusammenpasst. Sie einladen, diese Bilder und Symbole mit den eigenen Grenzerfahrungen, Tiefenerfahrungen in Beziehung zu setzen. Dann kann die Geschichte von Philemon und Baucis für jeden von uns lebendig werden und uns für jene Lebensphase inspirieren, in der es darum geht, anzukommen.

Die tiefere Wirklichkeit

Gleich zu Beginn der Geschichte haben wir das zentrale Bild, *dass die Götter vom Olymp heruntersteigen, auf der Erde spazieren gehen und mit den Menschen reden, bei ihnen Einkehr zu halten versuchen*. Uns fällt es nicht schwer, dieses Bild tiefer zu verstehen: Viele Menschen – auch heute – berichten von solchen Erfahrungen, nach den vielen Jahren, die sie schon in diesem Leben verbracht haben, dass sich in manchen Augenblicken ein Zustand einstellt, in dem ganz unvermittelt eine derartige geheimnisvolle Dichte da ist, wie eine geistige, seelische Geöffnetheit, die man zuvor nicht kannte. Da sieht man die Welt ganz anders, tiefer, transparenter, als wenn sich der Schleier gelüftet hätte und man einen Blick hinter die Kulissen werfen kann, *in eine Anderswelt*. Und man merkt – fühlt – ahnt irgendwie: Es ist *etwas* bei uns angekommen. Oder wir sind bei etwas angekommen. Oder einfach: Wir stehen in Verbindung mit etwas, etwas ganz anderem, das wir normal nicht kannten und nicht kennen – oder vielleicht doch schon immer ganz im Tiefsten ahnten, aber nicht rational-kognitiv wussten, dass es bei uns ist und wir bei ihm sind. Es hat etwas bei uns angeklopft – und wir haben es eingelassen. Und nun hat eine Begegnung stattgefunden, eine außersinnliche oder transzendente, über die eigentlich überhaupt nicht geredet werden kann. Im Laufe der Jahre merken wir, wie diese Offenheit zugenommen hat. Der Mythos kleidet das in die Worte, dass *die Götter bei den Menschen eingekehrt sind.*

Im »normalen« Denken sind das Diesseits und das Jenseits streng voneinander getrennt. Doch manchmal kann jeder die Erfahrung machen, dass diese Vorstellung von getrennten Welten gar nicht stimmt, dass es nur *eine* Wirklichkeit gibt. In solchen Augenblicken ist dieses dualistische Weltbild aufgehoben zugunsten einer tiefen Erfahrung von Einheit, Zugehörigkeit, Verbundenheit. Ich bin mir sicher, dass jeder – auch heute – solche Erfahrungen macht, wenn er die entsprechende Offenheit dafür hat. Und auch: Dass man keine komplizierten Meditationstechniken lernen muss, um solche Erfahrungen zu machen. Lediglich eines braucht man und sollte es pflegen – und da sind wir schon beim zweiten Bild.

Die Offenheit des Herzens

Wenn dem Jupiter und dem Merkur, also dem Göttlichen, tausend Türen verschlossen blieben, aber Philemon und Baucis ihnen ihre Türe und ihre Herzen geöffnet hatten: Was heißt das auf unserer Erfahrungsebene? »Wir machen die Türen auf«, bedeutet, dass wir Geist, Sinne und Herz so weit machen, bis sich die Verbindung einstellt zu allem und zum Ganzen. Diese »Bewusstseinserweiterung« ist nichts Intellektuelles. Der Intellekt kann sogar dabei stören; er muss es nicht, aber er kann es. Doch eine große Offenheit braucht es. Philemon und Baucis waren im Laufe der Jahre offen geworden in einem ganz umfassenden, einem existenziellen Sinne: Eine Offenheit aller Sinne und Seelenkräfte. Das kann eine wunderbare Erfahrung sein: Älterwerden heißt offen werden. »*Sursum corda!*« (»Erhebet die Herzen!«), hieß es früher in der Messliturgie: Etwas von dieser Art ist es. Und dann kann sich die Anderswelt, das Ganz Andere zeigen und bei uns eintreten. Zum Beispiel in einer ruhigen Abendstunde, in der nichts Spektakuläres geschieht. Wo alles ganz still und friedlich ist und wir uns plötzlich berührt fühlen ganz in der Tiefe und ganz aus der Tiefe – als wäre ein Engel durch den Raum gegangen. Der Engel ist ja auch ein Bild für eine Erfahrung dieser Art.

Beim Stichwort »Engel« ist ein Hinweis angebracht. Glaubst Du an Engel? Wer diese Frage stellt, ist dabei, die Erfahrungsebene zu verlassen, sich Dinge vorzustellen, Figuren, er ist wieder in diese Welt zurückgegangen, wo er die Dinge greifen und exakt beschreiben kann: Hat ein Engel Flügel? Ist er männlich oder weiblich? Wie viele Engel gibt es? Immer wenn wir versuchen, das Unnennbare in menschlichen Kategorien beschreibbar zu machen, seiner habhaft zu werden, entzieht es sich uns. Genauso unsinnig, wie es ist, zu fragen, ob Gott Vater oder Mutter, Frau oder Mann sei. Immer wenn wir das Heilige, das nicht Verfügbare – auch und besonders in der Sprache nicht – auf menschliche Begriffe und Vorstellungen zu bringen, aus dem Geheimnis herauszuholen versuchen, seiner habhaft, es in den Griff zu kriegen versuchen, ist es auch schon verschwunden. Das ist ja der Sinn von Mythen und Symbolen: Das Unsagbare doch noch sagbar zu machen – wenn auch auf einer anderen Ebene. Ganz wichtig beim Verstehen von Symbolen und Mythen ist es darum, dass wir die verschiedenen Ebenen klar auseinanderhalten: Einmal die Ebene der gemachten Erfahrung und zum andern die Ebene des Darüber-Redens. Das Bild – Engel, Merkur, Jupiter – ist ein Bild. Es zeigt auf etwas hin, das es selbst nicht ist, aber das es andeutet. Es ist in Ordnung, Bilder zu verwenden, doch muss man sie im nächsten Moment wieder verlassen und sich klarmachen, dass das Bild das Bild ist und bleibt. Im Zen gibt es den Satz: Der Finger, der auf den Mond zeigt, ist nicht der Mond. Wenn wir also erahnt haben, was uns ein Bild sagen will, müssen wir das Bild gleich wieder vergessen und uns ganz in diese Erfahrung hineinbegeben, um die es geht. Um es radikal zu sagen: Um zu verstehen, müssen wir vergessen, was wir wissen, und uns ganz der Erfahrung hingeben, ganz im Augenblick ankommen. Das ist der Unterschied zwischen dem Esoteriker und dem Mystiker. Der Mystiker weiß, dass das letzte Geheimnis eben Geheimnis bleibt, aber er hat etwas erfahren. Der Esoteriker erfährt nichts, aber er glaubt, alles zu wissen. (Das hat er übrigens mit manchen Theologen gemeinsam.) Sokrates muss ein Mystiker gewesen sein, denn bis heute gilt er als Prototyp desjenigen, der wissend nichts weiß: »Ich weiß, dass ich nichts weiß« (οἶδα οὐδὲν εἰδώς).

Wenn es Zeit wird, anzukommen, wird es auch Zeit, in dieser Wissensbescheidenheit anzukommen.

Liebendes Mitgefühl

Wenn es Zeit wird, anzukommen, wird man mehr und mehr offen für Erfahrung. Eine solche Offenheit des Herzens erkennt man am ganzen Verhalten: Wir sehen es daran, dass *es Philemon und Baucis solchen wildfremden Menschen gegenüber an Gastlichkeit und Herzlichkeit nicht fehlen lassen und sie auftischen, was das Haus zu bieten hat*. Jeder kann diese Erfahrung machen: Es entsteht bisweilen eine Leichtigkeit des Gebens. Einfach hingeben, was da ist. Dabei entsteht eine Hin-Bewegung, es wächst im betreffenden Menschen eine Zuwendung und Hinwendung zu dem anderen. Das ist die Grunderfahrung vieler Menschen, die im Laufe der Jahre liebendes Mitgefühl entwickelt haben, einem immer weiter sich öffnenden Kreis gegenüber, zu allen Menschen und allen Wesen. Nicht der giftelnde, engherzige Alte ist es, sondern der großherzige und offene. Auch dies ist ein Element bei dieser Erfahrung von dem Ganz Anderen, bei der die Begegnung mit der Tiefe geschehen kann.

Wichtiges von Unwichtigem unterscheiden

Wenn es Zeit wird, anzukommen, wird es vor allem auch Zeit, loszulassen, nicht mehr anzuhaften. Das vermittelt der bildhafte Ausdruck, *dass Philemon und Baucis arm waren*. Das bedeutet, dass man im Laufe der Zeit alles Anhaften hinter sich gelassen hat und an nichts mehr wirklich hängt, nicht mehr an all den unnützen, letztlich doch nicht glücklich machenden Dingen des Lebens, die kurzfristig vielleicht Lustgewinn hervorbringen, aber keine bleibende, tiefe Freude erzeugen. Man macht im Laufe der Jahre die Erfahrung, wie unwichtig vieles doch ist. Das ist aber keine verbissene Askese, keine hartherzige Verzichtmoral eines ewig zu kurz Gekommenen. Vielmehr ist es eine gewachsene Offenheit für das wirklich Beglückende, für wahre Reichtümer – sehr oft an den ganz einfachen Dingen. Und es ist die Erfahrung, dass gerade dann das Leben reicher wird. Das sehen wir auch in einem anderen Symbol, *denn merkwürdigerweise ging trotz der bei Philemon und Baucis herrschenden Armut der Wein im Krug nicht zur Neige*. Als würde sich das Leben, das Sein in seiner letzten Tiefe niemals erschöpfen. Wenn wir im Sein ankommen, können wir die Erfahrung machen, dass es unwichtig, ja störend wird, viel zu besitzen. Die beiden waren, so scheint es, ganz im Sein angekommen. Gerade weil sie in der rechten inneren Haltung arm waren, waren sie reicher als alle dort unten im Dunst der Städte. Wer nicht mehr verhaftet ist im Haben, wird leicht, den hebt es nach oben. Das führt uns zum nächsten Bild: der Weg zum Gipfel des Berges.

Es darf auch Anstrengung kosten

Die beiden wurden von den Göttern gebeten, mit ihnen *auf den Berg zu steigen, hoch hinauf bis zum Gipfel.* Das Steigen auf den Berg – da drückt sich die Erfahrung aus, dass es nicht ohne Anstrengung geht. Der Berg ist auch ein Symbol für die Anstrengung und die Mühe, die es kostet, so lange in Liebe beieinander zu bleiben, bis sich die Hütte in einen Tempel verwandelt, wo das Göttliche anwesend ist. Auf gut Altlatein wurde früher von der *»elevatio mentis ad deum«* gesprochen, der Erhebung des Geistes, des Herzens zu Gott. Und vielleicht klingt das dem einen oder anderen noch in den Ohren – gewissermaßen als Nachklang aus vergangenen Zeiten. Der Gipfel des Berges jedenfalls weist nach oben. Und der Weg dahin ist Mühe, denn es ist nicht alles Geschenk des Alters, sondern Reifen ist auch Arbeit. Für diese Offenheit des Herzens muss man etwas tun, man muss sie einüben. Die Kunst des Verstehens, des Tolerierens, der Empathie und Einfühlung fällt einem nicht in den Schoß. Es ist die tagtägliche Aufgabe im Verlauf des Lebens und mit allen Mitmenschen, den Kollegen, Nachbarn, Kindern, den Menschen auf der Straße. Das ist mit diesem Bild vom Gang auf den Berg auch mit gesagt.

Liebevoll gegenwärtig sein

Dann die tiefere Erfahrung, die das *wunderbare Bild des gemeinsamen Essens* ausdrückt, kennen wir natürlich auch von der Eucharistie oder dem Abendmahl: Die göttlichen Besucher halten Mahl mit den beiden alten Menschen. Wenn es Zeit wird, anzukommen, ist im Laufe der vielen

Lebensjahre eine große Zuwendungsbereitschaft und Zuwendungsfähigkeit entstanden – für jeden, der ankommt und anklopft, und für das, was der braucht. Und wenn man gibt, was da ist und was man hat, dass es dann auch reicht und mehr als genug ist und dass es auch nicht weniger wird vom Geben, sondern eher noch mehr. Weil es um nichts anderes geht als um achtsames, liebevolles Gegenwärtig-Sein, was einem Besucher so guttut.

Wenn die Todesangst kommt

Es bleibt uns noch zu fragen, was geschieht, wenn unser Leben tatsächlich zur Neige geht und an sein natürliches Ende kommt. Wenn es endgültig gilt, anzukommen in jenem Raum hinter unserer sichtbaren Wirklichkeit. Die einen gehen leichter und wie unbeschwert in diese letzte Lebensphase. Doch es gibt auch viel Angst, Verzagtheit, Bangigkeit und Ratlosigkeit. Wenn es dem Ende zugeht, ist es wohl völlig normal, dass einen die Angst, die Todesangst überkommt. Das können wir vielen Berichten von Sterbenden entnehmen.

Was dann? Da ich selbst noch nie gestorben bin, zögere ich, mich hierzu zu äußern. Und doch, auf dem Hintergrund jahrzehntelanger eigener spirituellen Erfahrungen, bei denen ich immer wieder auch einmal solche unbeschreibbaren Einheitserfahrungen machen durfte, scheint eine tiefe Hoffnung auf, die aus jener anderen Welt in mein Leben und dessen Ende hereinstrahlt. Todesangst ist zunächst eine ganz normale Reaktion des Egos, das festhalten und nicht loslassen will, sich gegen Veränderung und Verwandlung sträubt. Doch wie wir von vielen Meistern hören, gilt auch hier: Jeder, der sich zu Lebzeiten darin übt, das kleine Ich als Illusion zu erkennen, und wer beim geduldigen Üben dieses Ich-freien Bewusstseins immer wieder auch die Erfahrung der Einheit macht, kann auch in Todesnähe von dieser Erfahrung der Einheit mit dem Ganzen erfasst werden. Das ist ein Einheitsbewusstsein, wo alle Angst, dann wohl auch die Todesangst, gegenstandslos wird. Wo keiner ist, der Angst haben kann, kann keine Angst sein.

Klingt das nicht reichlich abstrakt und eigentlich wenig tröstlich, diese Erfahrung der Einheit? Und ist sie nicht auch sehr flüchtig, ungreifbar, nebulös? Nicht für den, der lebensgeschichtlich bereits verbunden ist mit dem, wovon hier die Rede ist. Es kann weiterhin eine Hilfe sein, sich immer wieder einmal in den Raum seiner eigenen innigsten Liebe zu begeben, sich mit dem Netzwerk der Liebe zu verbinden, die man je im Leben erfahren hat, und sich spüren zu lassen, wie diese wiederum nur Teil eines übergroßen Netzwerks aus unerschöpflicher Liebe ist, die immer und überall wieder aufbricht. Man beginnt zu ahnen, dass jenes Geheimnis hinter aller sichtbaren Wirklichkeit einen inneren Glanz dieser Liebeswirklichkeit ausstrahlt, deren Zeuge wir immer wieder im Verlauf unseres ganzen Lebens sind und waren.

Mir fällt dazu jene eine Sterbeszene ein, die uns allen von frühester Kindheit her vertraut ist: Das Kreuz und die Verlassenheit am Kreuz als Sinnbild für alle menschlichen Verlassenheiten und Ängste. Wo keine Rettung mehr in Sicht ist, kein Ausweg, kein Trost. Wer vor dem Ende steht, vor dem Tode, für den gibt es keinen Ausweg mehr. Der Mann aus Nazareth hatte nur noch den einen Schrei: »Mein Gott, mein Gott, warum hast Du mich verlassen?« – Kein Kämpfen mehr, kein Aufbäumen, kein Sich-Wehren mehr in der absoluten Verzweiflung. Doch dann schlägt es mit einem Mal um, kommt die andere, die tiefere Dimension in Spiel. Auch noch in dieser höchsten Not bleibt eine Ahnung übrig, dass das Ganze aufgehoben ist in etwas Größerem: »Vater, in deine Hände empfehle ich meinen Geist«, sagt der Mann aus Nazareth, indem er schließlich den Geist aufgibt.

Er hatte ein Bewusstsein davon, gehalten zu sein, von einer Macht, der er sogar die Bezeichnung »Vater« gibt. Auch diese Hingabe kann man Zeit seines Lebens üben. So beschließen die Mönche jeden Abend den Tag mit der Komplet, dem liturgischen Nachtgebet, in dem es am Ende heißt: *»In manus tuas, domine, commendo spiritum meum.«* – »In deine Hände, o Herr, empfehle ich meinen Geist.«

Wer Zeit seines Lebens immer wieder die Erfahrung gemacht hat, Teil eines Großen Ganzen zu sein, wer sich immer wieder in Verbindung und Einheit mit diesem letzten Geheimnis gespürt hat, der kann auch ahnen, worauf das Ganze hinausläuft, auch wenn er dafür wiederum nur Bilder hat. So auch dieses Bild im Mythos: Wenn die Behausung oder das Herz von älter gewordenen Menschen *zum Tempel wird, zum Raum des ewig Gegenwärtigen,* wird klar, dass Sinn und Ziel dieser letzten Lebensphase nicht larmoyantes Nachlassen und Abschiednehmen sind, sondern dass die ganze Geschichte ein Bild dafür ist, wie auf diese Weise Menschen in unerschütterlicher Gelassenheit und stiller Heiterkeit im ewig Gegenwärtigen ankommen. Ankommen, nicht Abschied nehmen ist das Thema während des gesamten Lebens und vor allem dann, wenn das Leben an sein Ende zu kommen beginnt. Wenn Philemon und Baucis *Hüterin und Hüter im heiligen Haus werden,* so heißt das, dass man achtsam und wach und ganz hell und klar sein muss, um mit dem in Berührung zu kommen, dessen gewahr zu werden, über das eigentlich nicht geredet werden kann. Und wenn die Zeit erfüllt ist, die innige Zugehörigkeit zueinander und zum Ganzen sich vollendet, vollzieht sich die Rückverbindung mit der Quelle unseres Daseins.

Weiterlesen

Die fachliche Grundlage für dieses Buch bilden verschiedene psychologische, therapeutische Konzepte. Die darauf aufbauenden Verhaltensmodelle können auch von Laien mit etwas Übung erlernt und in den Alltag übertragen werden. Für alle, die den einen oder anderen Aspekt noch etwas vertiefen möchten, ist die nachfolgende Literaturauswahl gedacht, auch wenn nicht jeder Titel im Text ausdrücklich genannt wird. Entsprechendes gilt auch für die spirituelle Literatur.

Banzhaf, Harald/Schmidt, Stefan: Meditieren heilt. Vorbeugen und gesund werden durch Achtsamkeit. Vorwort von Joachim Bauer. Freiburg im Breisgau 2015.

Brink, Otto/Quasebarth, Alexander/Saltuari, Petra: Wie Offenheit die Liebe stärkt. Zwiegespräch und Familien-Stellen. Freiburg im Breisgau 2004.

Ellis, Albert/MacLaren, Catharine: Rational-Emotive Verhaltenstherapie. Paderborn 2014.

Engl, Joachim/Thurmaier, Franz: Wie redest Du mit mir? Fehler und Möglichkeiten in der Paarkommunikation. Freiburg im Breisgau 2012.

Frankl, Viktor E.: ... trotzdem Ja zum Leben sagen. Ein Psychologe erlebt das Konzentrationslager. München 2009.

Gordon, Thomas: Familienkonferenz in der Praxis. Wie Konflikte mit Kindern gelöst werden. München 2012.

Hempel, Anika/Hempel, Ronald: Liebevolle Partnerschaft. Gewaltfreie Kommunikation für Paare. Freiburg im Breisgau 2013.

Hilbrecht, Heinz: Meditation und Gehirn. Alte Weisheit und moderne Wissenschaft. Stuttgart 2013.

Jäger, Willigis: Die Welle ist das Meer. Mystische Spiritualität. Herausgegeben von Christoph Quarch. Freiburg im Breisgau 2000.

Jellouschek, Hans: Trennungsschmerz und Neubeginn. Wie aus Abbrüchen Aufbrüche werden. Freiburg im Breisgau 2017.

Kornfield, Jack: Das Tor des Erwachens. Wie Erleuchtung das tägliche Leben verändert. Aus dem Amerikanischen von Ilse Fath-Engelhardt. München 2001.

Koschorke, Martin: Wie Sie mit Ihrem Partner glücklich werden, ohne ihn zu ändern. Führerschein für Paare. Freiburg im Breisgau 2011.

Macho-Wagner, Isolde / Wagner, Thomas: Wege zum achtsamen Miteinander. Gewaltfreie Kommunikation und Spiritualität. Freiburg im Breisgau 2012.

Moeller, Michael Lukas: Die Wahrheit beginnt zu zweit. Das Paar im Gespräch. Reinbek 2011.

Nhat Hanh, Thich: Schlüssel zum Zen. Der Weg zu einem achtsamen Leben. Freiburg im Breisgau 2003.

Ott, Ulrich: Meditation für Skeptiker. Ein Neurowissenschaftler erklärt den Weg zum Selbst. München 2010.

Rademacher, Ute: Das Glück des Genießens. Sich spielerisch des Lebens freuen. Freiburg im Breisgau 2013.

Reschika, Richard: Praxis christlicher Mystik. Einübungen – von den Wüstenvätern bis zur Gegenwart. Freiburg im Breisgau 2007.

Rosenberg, Marshall B.: Konflikte lösen durch Gewaltfreie Kommunikation. Ein Gespräch mit Gabriele Seils. Freiburg im Breisgau 2004.

Seyffert, Sabine: Entspannung für gestresste Mütter. Wie Sie täglich neue Kraft schöpfen. Freiburg im Breisgau 2002.

Singer, Wolf / Ricard, Matthieu: Jenseits des Selbst. Dialoge zwischen einem Hirnforscher und einem buddhistischen Mönch. Berlin 2017.

Snel, Eline: Stillsitzen wie ein Frosch. Kinderleichte Meditationen für Groß und Klein. Aus dem Niederländischen von Anja Lademacher. München 2013.

Steindl-Rast, David: Fülle und Nichts. Die Wiedergeburt christlicher Mystik. Aus dem Englischen von Knud Pflughaupt und Vanja Palmers. München 1985.

Tolle, Eckhart: Leben im Jetzt. Das Praxisbuch. Aus dem Englischen von Erika Ifang. München 2014.

Watzlawick, Paul: Wie wirklich ist die Wirklichkeit? Wahn, Täuschung, Verstehen. München 2005.

Wilber, Ken: Integrale Spiritualität. Spirituelle Intelligenz rettet die Welt. München 2017.